JN412068

칸트, AI, 월광소나타

김상현

박영사

프롤로그Prologue

철학, 사회과학 등 인문 관련 글을 읽거나 쓰다가도 수학, 컴퓨터 등 지식을 접목하면 새로운 아이디어가 떠오르고 글에 활력이 더 들어간다. 이는 아름다운 자연경관이나 예술 창작물, 지나간 추억이 마음을 움직일 때의 직관적 느낌과는 조금 다르다. 예술적 체험이 심장에 가까운 곳에서 생동감을 솟아나게 한다면, 인문학과 과학이 접목되는 체험은 머리에 좀 더 가까운 곳에서 지적 활력을 불어넣는다.

나는 이러한 바탕과 배경에서 정보가 넘쳐 파도처럼 밀려와서 바다가 되어가는 AI의 시대에서 내면의 자유와 생명의 의미를 담고자 이 글을 쓰게 되었다. 이 글의 전작인 '칸트와 AI의 만남'에서는 "사람은 무엇을 알 수 있는가? 무엇을 해야 하는가? 무엇을 느끼고 희망할 수 있는가?"라며 칸트가 던진 물음에 대해 칸트철학을 위주로 인문학과 AI를 접목했다.

이번 글에서는 물음의 범위를 "사람은 무엇을 알 수 있는가? 무엇을 느끼고 희망할 수 있는가?"로 좁혔다. 그 대신 인문학의 범위를 넓혀 플라톤, 쇼펜하우어, 들뢰즈의 철학을 추가하였다. 칸트철학은 서양철학의 저수지라는 말이 있다. 고대 철학이 근대의 칸트로 흘러 모였다가 현대 철학으로 다시 흘러 나간다는 것이다. 그래서인지 칸트철학이 다른 철학자들의 글을 이해하는 데 많은 도움이 되었다.

이번 글에서는 뇌과학과 챗지피티(ChatGPT)를 추가하였다. 예술 쪽은 전작에 썼던 베토벤의 음악 외에도 '천년여우'라는 애니메이션, 청마 유치환의 '생명의 서'라는 시, 모네의 수련, 세잔의 풍경화 등을 담았다.

이 글의 많은 부분은 내가 서울과 진주를 오가며 주말부부를 할 때 써졌다. 진양호, 지리산, 남해바다 등 아름다운 자연과 서부 경남의 유구한 역사와 문화적 전통 속에 살고 있는 분들과 지냈던 에피소드도 글 곳곳에 담았다. 주말부부를 하면 부부관계가 좋아진다는 말도 있다. 조금 거리를 두고 떨어져 있어 봐야 만남에 새로움을 더할 빈 공간이 만들어진다는 이야기일 것이다. 시간적 간격, 즉 "반복"을 통해 서로 다른 것, 즉 "차이"가 들어갈 공간을 확보하고, 자신의 고유함과 개성을 만들어 가는 것이, 니체가 말한 "힘에의 의지와 영원회귀"일 것이다. 나는 주말부부 생활을 마치고 아내와 아이들과 같이 지내면서 새로운 차이와 반복을 만들기 위해 내가 해보고 싶었던 이 글쓰기를 마무리했다.

들어가며INTRODUCTION

"나는 생각한다. 그러므로 나는 존재한다." 철학자 데카르트가 한 말이다. 나는 고등학교 다닐 때 윤리 교과서에서 이 유명한 말을 처음 들었던 것 같다. 그때 직관적으로 들었던 느낌은 '무슨 뜻인지 잘은 모르겠지만 맞는 말 같다'는 것이었다. 이 말의 뜻을 다시 음미해 보자. '나는 생각한다'는 말은 맞는 말이다. '나는 존재한다'도 맞는 말이다. 그런데 '내가 생각하기 때문에 존재한다'는 것이 맞을까?

나는 육체를 가진 존재로서 공간을 차지하고 있으므로 지금 내가 이 세상에 있다는 것은 확실하다. 데카르트가 말하는 '생각한다'도 통상적인 의미와 다르지 않다. "생각하는 것은 의심하는 것, 긍정하는 것, 부정하는 것, 적은 것을 인식하는 것, 많은 것을 모르는 것, 바라는 것, 바라지 않는 것, 그뿐만 아니라 상상하는 것, 감각하는 것이기도 하다."[1)]라고 한다. 나의 머릿속에서 나타나는 이러한 생각들 자체는 관념에 불과하고 생각을 멈추면 바로 사라지는 것이 아닌가. 그런데 어째서 생각하기 때문에 내가 존재한다는 것일까?

돌멩이, 물 등 무기체는 생명체가 아니기 때문에 의식이 없다. 이것들은 생각할 수 없으므로 존재한다고 여겨질 수 없는 것일까? 식물과 하등 동물은 생각할 줄 모른다. 즉 뇌가 없어 의식을 가지고 있지 않다. 이들의 존재와 생명은 어떻게 설명할 것인가?

개, 고양이 등 지능이 발달한 동물들은 눈으로 벽난로의 장작불을 보고 그 이미지를 머릿속에서 떠올릴 수 있고 그 이미지를 기억할 수도 있다. 데카르트가 말한 생각하는 것 중에 “상상하는 것 또는 감각하는 것”에 해당한다. 이들은 또한 방안의 온기가 주는 쾌적함을 느낄 줄 아는 감정도 지니고 있다. 생각하는 것 중에 “바라는 것”에 해당한다. 하지만 이들은 사람과 같이 장작불의 지속 시간을 추리하지는 못한다. 즉 “의심하는 것, 적은 것을 인식하는 것”은 못한다. 그러면 개, 고양이는 추리할 수 없기에 생각도 못 한다고 봐야 할까? 내가 이러한 생각을 할 줄 모른다고 하면 과연 나는 존재하지 않게 되는 것일까?

이 글의 1장에서는 ‘나는 생각한다’, 곧 의식이 어떻게 탄생했는지를 살펴본다. 의식의 뿌리를 발견하면 나라는 존재와 의식이 어떤 관계에 있는지에 관한 의문을 풀어낼 실마리를 찾을지도 모른다. 그 다음 5장과 7장에서 데카르트의 시대에는 없었던 ‘생각하는 나’인 인공지능(AI, Artificial Intelligence)에 대해 살펴본다. AI를 의식의 탄생과 관련해서 깊이 들여다보면 AI가 어떤 존재인지 더 잘 알 수 있을 거라고 기대한다.

앞서 예로 들었던 것과 같이 개, 고양이 등 지능이 발달한 동물들도 사람과 마찬가지로 머릿속에서 장작불의 이미지를 떠올릴 수 있다. 사람은 머릿속에 외부 세계의 대상을 떠올리는 것에서 더 나아가, 이 물체의 이미지에 "장작불"이라는 이름을 붙이고, 장작의 양에 따른 불의 지속 시간도 추론한다. 이렇게 의식 속에서 떠오르는 구체적인 이미지들이나 추상적인 개념들을 "표상"(表象)이라고 한다. 영어로는 "represent"라고 하는데, 머릿속에서 "다시 나타난다"는 의미를 담고 있다.

눈, 귀, 코, 혀, 피부 등 감각기관을 통해 뇌로 전달된 감각적 지각의 이미지를 "직접적 표상" 또는 "1차 표상"이라고 한다. 1차 표상들의 이미지 조각을 잘 정리해서 공통점을 찾아 규칙을 추론한 추상적 사고의 결과물을 "간접적 표상" 또는 "2차 표상"이라고 한다. 동물의 머릿속은 1차 표상으로만 채워지고, 사람의 머릿속은 1차 표상과 2차 표상으로 채워진다.

2장에서는 어떻게 감각적 지각(1차 표상)에서 추상적 사고(2차 표상)가 탄생하는지를 살펴본다. 그다음 AI 구현을 주도하고 있는 "기계학습"(Machine Learning)이 사람과 매우 흡사하게 1차 표상에서 2차 표상을 생성하는 방법을 찾아냈다는 것을 밝힌다.

"나는 생각한다. 그러므로 나는 존재한다."로 되돌아가 이 말이 가진 다른 의미에 대해 생각해 보자.

데카르트는 지금 겨울 외투를 입고 벽난롯가에 앉아 종이를 손에 쥐고 생각에 잠겨 있다. 그런데 사실은 잠옷을 입고 침대에 누워 잠을 자면서 이 장면을 꿈꾸고 있는 것이 아닐까? 그전에도 지금과 비슷한 장면을 현실이라고 생각하다가 꿈에서 깨어난 후 속았던 것을 알게 되지 않았는가? 깨어 있음과 꿈꾸고 있음을 가를 어떤 징표가 있을까? 사특한 악마가 있어서 현실이라고 믿게 하는 것이 아닐까?[2] 데카르트는 이런 의문을 이어 나가면서, "내가 어떤 몸도 갖지 않고 있다. 그래서 내가 있는 어떤 세상도 어떤 장소도 없다."라고 가정하더라도, 아무리 "나를 철저히 속이는 악마가 있다."라고 가정하더라도, 이런 것을 생각하고 있는 나의 존재만은 더 이상 의심할 수 없다는 결론에 이른다. 즉 "내가 실존한다는 것은 확실하다. 다만 내가 생각하는 동안만 그러하다. 따라서 나는 엄밀히 말해 오로지 생각하는 것이다."[3]라고 결론 내린다.

데카르트가 상상한 것처럼 우리는 사특한 악마가 만든 표상의 세계에 갇혀 속고 살고 있는 것이 아닐까? 영화 '매트릭스'처럼 우리는 가상 세계를 현실 세계라고 믿고 살고 있는 것이 아닐까? 플라톤도 동굴 안에 갇힌 사람들은 모닥불로 비추어지는 동굴 벽면의 그림자, 즉 오감으로 보는 세상이 진짜인 줄 안다고 했다. 그 사람들이 동굴 밖으로 나와 태양이 비추고 있는 자연의 모습을 보고 나서야, 동굴 안에서 본 것과 다른 세계가 있다는 것을 알게 된다. 동굴 안에서 본 것은 그 실체가 없는 허상의 세계이지만, 동굴 밖으로 나와 본 것은 완벽하고 변하지 않는 참된 세계라는 것이다.

우리의 의식 세계는 감각기관으로 직관한 1차 표상, 그 1차 표상을 추상화한 2차 표상으로 채워져 있다. 의식 세계가 머릿속에서 만들어지는 표상들에 불과하다는 것을 자각하면 그 너머의 세계에 대해 관조하고 사유하기 시작한다. 일상적 경험으로는 채울 수 없는 자신의 무지(無知)를 내면 깊은 곳에서부터 자각하게 된다. 이 무지에서 벗어나기 위해 지혜를 간절히 바라며 "이념"의 세계로 나아간다. 플라톤이 말한 것처럼 동굴 밖으로 나와 태양이 비추고 있는 세계를 찾아 나서는 것이 "이념"의 지향점이다.

이념이 있는 곳은 천상의 세계가 아니라 현실의 세계다. 우리가 살고 있는 이 세상은 환영이 아니라 실존한다. 이념은 현실 속에 잠재해 있으면서 가끔 그 모습을 드러낸다. 즉 이념은 자연과 하나가 되는 신비로운 느낌, 타인과의 깊은 유대감과 연민, 마음속의 미적 생동감, 창조적 활력과 영감, 초월적이고 영적인 존재감 등의 모습으로 나타난다.

우리의 의식 속에서 1차 표상이 생성되고 그 이미지가 기억될 때 어느 정도의 추상화가 일어난다. 그다음 1차 표상에서 2차 표상이 만들어지고 기억될 때도 기억되지 않거나 망각되는 감각들이 생긴다. 이념은 잊히고 파묻힌 감각들을 기억해 내며 표면적이고 일상적인 감각들 깊은 곳에 잠재된 감각들을 일깨운다. 이념은 그와 동시에 각종 규칙과 추론에 억눌려 있던 상상력을 자유롭게 유희하게 한다. 이를 통해 우리는 표상의 표면 밑에 잠재해 있는 세계의 또 다른 모습과 마주칠 수도 있다.

3장에서는 아름다움의 느낌과 미적 생동감이라는 "미감적 이념"이 어디서 오는지 살펴본다. 플라톤, 칸트, 들뢰즈 등 철학자들의 미학과 베토벤의 음악 등 여러 예술작품, 저자의 미적 체험 등을 담았다. 그다음 8장에서 AI가 예술의 영역까지 따라 올 수 있는지 검토한다.

4장, 6장에서는 철학자들과 과학자들이 물질과 영혼, 자아의 초월, 의지와 생명 등 이념의 문제들을 어떻게 파악했는지 간략하게 살펴본다. 그다음 기계학습의 원리가 이념이나 생명체의 진화 등에 적용될 수 있는지도 생각해본다.

챗지피티는 사람처럼 대화하고 글을 쓰며 코딩도 한다. 챗지피티는 기계학습의 일종인 딥러닝을 활용하여, 불가능할 것으로 예상되던 추상적 사고의 체계, 즉 2차 표상 속에 숨어 있는 패턴을 포착하는 데 성공했다. 9장에서는 어떻게 이것이 가능하게 되었는지 살펴본다.

차례 Contents

Chapter 02 칸트의 도식과 기계학습

Chapter 03 미적 생동감

Chapter 04 이념과 AI

Chapter 05 AI와 자기의식

Chapter 06 자아의 초월과 기계학습

칸트, AI,
월광소나타

Chapter 01

세상을 보는 관점의 전환

01
지능 발전의 5단계와 의식의 탄생

1. 지능 발전의 5단계, 감각에서 지혜로

인공지능(AI, Artificial Intelligence)은 '사람처럼 학습하고 추론할 수 있는 지능을 가진 컴퓨터 시스템'을 일컫는다. 현재 AI는 자율주행, 로봇, 의료, 금융 등 기술·산업 분야뿐만 아니라 교육, 예술, 법률 등 지적 활동의 전 분야에서 사람의 지능을 따라잡고 있다.

AI가 어떤 원리에 의해 작동되기에 사람의 지적 활동을 대신할 수 있는지, 어디까지 사람의 지능을 따라올 수 있는지를 살펴보기 전에, 먼저 사람의 지능이 무엇인지부터 짚고 넘어갈 필요가 있다. 사실 우리는 사람의 지능이 어떻게 생겨났고, 어떤 원리로 작동되는지부터 잘 모를 수 있기 때문이다.

그리스의 철학자 아리스토텔레스(Aristoteles)는 사람의 지능이 5단계를 밟아 발전한다고 봤다. 즉 감각에서 출발해 기억, 경험, 기술 지식을 거쳐 지혜로 나아간다[1)]는 것이다.

(1) 동물은 시각, 청각, 촉각, 후각, 미각 등 감각을 지닌 존재로 태어난다.

(2) 어떤 동물에게는 이 감각으로부터 기억력이 생긴다.

(3) 개, 원숭이처럼 영리한 동물들은 기억을 통해 경험을 축적하고 학습한다. 같은 사물에 대한 기억들이 쌓이면 하나의 경험적 힘을 가져올 수 있기 때문이다. 예를 들어 개는 자신이 뛰는 높이를 기억해 두었다가 어느 정도까지 뛰어넘을 수 있는지 학습할 수 있다. 사람이라는 동물은 여기서 더 나아가 추리력을 발휘하며 살아간다.

(4) 경험이 주는 몇 가지 사항들에 관해 보편적 판단이 형성되는 단계에 이르면 지식의 체계인 기술이나 학문이 생긴다. 높은 건물을 지을 때 일꾼들은 단편적이고 습관적인 경험만으로 작업에 참여하지만, 설계자는 건물 설계에 관한 전문 지식을 체계적으로 배운 후에야 설계도를 그릴 수 있다. 개별적 경험이 저마다의 사물에 대한 지식이라면 기술 지식은 보편적인 이론 체계다.

(5) 대부분의 기술 지식은 쾌락이나 생활의 필요 때문에 생겨난다. 이러한 실제적 효용을 노리는 대신에 관조적인 태도로 근본적 원리를 탐구하는 사람들도 있다. 이들은 반복되는 학습과 일상적 경험으로는 채울 수 없는 자신의 "무지"(無知)를 자각하게 된다. 이들의 지식 추구는 오직 알기 위해서이지 어떤 쓸모를 바라서가 아니다. 지혜에 대한 사랑은 감각적 경험과 이를 토대로 한 기술 지식의 너머에 있는 것을 향한다.

2. 사람의 지능 발전 5단계

동물도 감각, 기억, 경험의 초기 단계까지의 지능을 가진다. 경험의 후기, 기술 지식, 지혜 단계의 지능은 사람만 가진다고 보고 있다. 즉 사람의 고유한 지능은 3단계 후기부터 시작된다. 동물은 주어진 자연환경에 적응해서 살아가지만, 사람은 자신의 고유한 지능, 즉 추상적 사고의 힘으로 자연을 바꾸기도 한다.

이러한 사람의 인공적이고 추상적인 사고 능력이 인공지능, 곧 AI도 만들어냈다. AI는 사람 지능의 3단계, 4단계에 해당하는 일의 많은 부분을 해내고 있다. 마지막 5단계인 지혜까지 해낼 수 있다면 AI와 사람의 지능은 차이가 거의 없게 된다.

3. 세상을 비추는 전등, 의식의 탄생

식물은 한곳에 뿌리를 내리고 광합성을 통해 영양소를 섭취한다. 동물은 스스로 양분을 만들 수 없으므로 돌아다녀야 한다. 먹잇감을 찾아내고 포식자로부터 몸을 숨기기 위해서는 외부 환경의 변화를 감지하는 것이 필수적이다. 바깥세상을 탐지하는 감각기관이 없다면 좋은 자리를 확보하고 가만히 있는 편이 이동하는 것보다 더 나은 생존 전략일 수 있다. 동물 출현의 초창기에는 신경이 온몸에 퍼져 있었다. 자연선택과 살아남기라는 진화의 과정에서 감각기관들은 시각, 청각, 촉각, 후각, 미각 등으로 세분화된다. 몸속의 기관들도 소화, 호흡, 혈액 순환, 면역, 생식 등으로 분화된다.

그 과정에서 감각기관과 신경을 통합하고 몸 안의 여러 기능을 조절하는 뇌가 만들어졌다. 뇌가 감각기관의 사령관으로서 여러 감각기관을 총괄하며 움직임을 제어한다. 뇌가 발달하면서 어느 순간 의식이 탄생하였다. 생존을 위한 동기와 진화의 과정을 거쳐 오감으로 지각하거나 기억 속에서 끄집어낸 "정보를 처리"하는 시스템인 의식이 생겼다. 이제 바깥세상은 뇌가 만들어내는 의식 속에서 재구성되고 재현될 수도 있다. 발달한 뇌를 가지게 된 사람은 의식이 만들어 내는 또 다른 세상에 몰입되어 살아간다. 그래서 의식이 개체를 유지하고 종족을 존속시키기 위한 도구로서 생겨났다는 사실을 망각하기도 한다.

어떻게 물질적인 뇌에서 비물질적인 의식이 생겨났는지에 대해서는 과학자들 사이에서도 의견이 분분하다. 의식의 발생은 "창발 현상"(emergent phenomenon)의 일종이라는 견해가 유력하다. 창발 현상은 개개 부분에서는 명확하게 드러나지 않던 것이 한데 모이면서 새로운 조화와 질서가 등장하는 것을 의미한다. 반딧불 무리가 동시에 반짝이는 것이 창발의 좋은 사례다. 반딧불들이 들판에 모이면 처음에는 각자 다른 시간적 간격과 속도로 반짝거리다가 몇 분 정도 지나면 동시에 빛을 깜빡인다.[2] 사람들도 같이 일하면서 호흡이 잘 맞을 때 "케미가 잘 맞아서 시너지를 낸다."라고 말한다. 여러 조각이 모여 화학반응을 일으켜 새로운 현상이 나타나는 것이 창발이다.

의식도 생명체의 뇌 속에 있는 수많은 뉴런의 집단적 상호작용에서 창발적으로 출현한다. 독일의 철학자 쇼펜하우어(Arthur Schopenhauer)는 뇌의 신경회로에서 의식이 탄생한 것을 두고 어둠 속에 있던 세상을 비추는 "등불"을 달게 되었다고 표현했다.[3] 반딧불들이 동시에 반짝이는 것이나 뇌 안의 뉴런에서 창발 현상이 일어나는 것은 전기적, 화학적 물질 작용에 의한 것이다. 그래서 생명체가 의식을 가지게 되는 것은 세상을 밝히는 "전등"을 달게 된 것이라고 표현할 수도 있겠다. 간단히 말해 의식은 생존 동기와 진화의 결과물로서 세상을 비추는 전등이다.

02
'표상'이란 무엇인가

1. 의식을 채우는 두 가지 종류의 표상

감각된 자료는 머릿속에서 기억된다. 이때 머릿속에 저장되는 것은 어떤 사물의 시각적 형상, 소리, 느낌, 냄새 등의 이미지다. 기억되는 자료는 다시 재생 또는 재현되어야 한다. 그래서 기억 단계부터 감각기관으로 감지한 정보는 재구성되어 저장되게 된다. 이렇게 재구성되어 재현되는 어떤 형상, 소리 등을 "표상"(represent)이라고 한다. 개는 기억과 학습을 통해 주인의 얼굴을 알아보며 먹이를 달라고 따라다닌다. 개가 머릿속에 기억해 둔 주인의 얼굴이 표상이다. 감각기관을 통과해서 처음으로 뇌 속에 저장된다는 의미에서 '1차 표상' 또는 '직접적 표상'이라고 한다.

개는 주인의 '얼굴 모양'을 기억해두지만, 사람은 그 밖에도 그 얼굴 모양을 가진 주인에게 '김 아무개'라는 이름을 붙여 기억한다. 개가 기억해 떠올리는 얼굴 모양은 1차 표상이다. 이를 통해 단편적,

습관적 경험과 학습은 가능하나, 개별적인 개체에 국한된 경험에 머무르게 된다. 다른 개체들과 1차 표상을 공유하고 전달하기는 쉽지 않기 때문이다. 반면에 사람은 '김 아무개'라는 이름, 즉 "개념"을 만들어 다른 사람에게 자신이 경험한 것을 쉽게 전달할 수 있다.

개념에 대해 좀 더 자세히 살펴보자. 저자는 6월 초순에 고양시 일산에 있는 호수공원에 놀러 갔다가, 산책길에 물 위에 떠 있는 노란 연꽃을 봤다. 수려한 호수공원의 정취와 어우러져 아름다웠다. 작년 8월쯤 경남 진주에 있는 강주 연못에서 봤던 연꽃이 연상되었다. 그때는 연꽃이 질 무렵이기는 했지만 연꽃이 이른 여름부터 피는 줄은 몰랐다. 며칠 후 진주로 내려가, 생각난 김에 강주 연못으로 갔다. 그런데 연꽃이 전혀 피어 있지 않았다. 같이 간 동료에게 호수공원에서 찍은 사진을 보여주자, 그것은 연꽃이 아니라 수련이라고 했다. 수련은 물과 맞닿아 피지만 연꽃은 수면 위로 뻗어 올라와서 피고, 연꽃이 수련보다 훨씬 크다고 설명해줬다. 구글 검색을 해보니, 수련은 밤이 되면 봉오리 모양으로 오므라들었다가 낮이 되면 다시 꽃잎을 활짝 핀다고 한다. 그래서 '밤에 잠을 자는 연꽃'이라고 하여 수련(睡蓮)이라는 이름이 지어졌다고 한다. 하지만 수련과 연꽃은 다른 종일 뿐만이 아니라 그보다 상위 분류 단위인 속과 과도 달랐다. 수련은 수련 속, 수련 과에 속하고, 연꽃은 연꽃 속과 연꽃 과에 속한다.

수련이라는 개념은 개별적인 수련꽃의 형상적(1차적) 표상들에서 공통점을 찾아 수련이라 규정하자고 사람들끼리 약속한 것이다. 개념은 1차 표상의 표상이라는 의미에서 "2차 표상" 또는 "간접적 표상"이라고 할 수 있다.

1차 표상들의 모임은 나름의 질서와 구조를 지니고 있다. 개념에도 그러한 1차 표상들의 특성이 반영된다. 예를 들어 새는 비행이라는 목적에 맞는 날개, 깃털 등의 신체 특성을 갖추고 있다. 우리는 개념을 익히고 이해하는 과정에서 1차 표상들 속에 있는 질서와 구조를 파악할 수 있게 된다. 즉 새, 날개, 깃털이라는 개념을 통해 새의 형상, 즉 1차 표상의 전체 구조와 특성을 파악할 수 있게 된다. 저자가 수련과 연꽃의 개념을 이해하기 전에는 수련과 연꽃의 고유한 특성과 차이를 제대로 파악하지 못하고 있었다고 보면 된다.

2. 개념의 힘

평미레

개념(概念)은 영어의 'concept'에서 가져온 말이다. 'con'은 '공통의'라는 의미의 접두사이고, 'cept'는 '잡다'를 뜻한다. 따라서 'concept'는 "공통점을 뽑는다"를 의미한다. 한자 개(概)는 '얼개, 대개'로 풀이되고, 곡식을 담아 윗부분을 평평하게 깎아내는 도구인 '평미레'에서 나온 말이다. 한자 념(念)은 생각을 나타낸다. 이러한 어원에 따를 때 개념은 울퉁불퉁하고 각양각색인 개별적인 것에서 튀어나온 부분이나 잔가지를 쳐내고 공통적인 부분만 남긴 관념을 의미한다. 개념이라는 단어에는 개념의 중요한 두 가지 특성 즉, ① 공통점에 따른 범주화와 ② 추상화 또는 관념화가 잘 들어있다.

(1) 개념은 유사한 것들을 하나로 묶어 범주로 구분하는 것이라 할 수 있다. 사람들이 범주화하는 방식은 보통 세 가지로 나뉘는데,[4] 이삿짐 싣기를 예로 들어 보자. 첫째, 겉모습을 기반으로 범주를 만든다. 이삿짐을 꾸릴 때 물품의 크기와 모양에 따라 분류해야 많은 물건을 차에 실을 수 있다. 둘째, 기능에 따라 범주를 구분한다. 전자기기, 그릇, 옷 등 품목별로 짐을 싸야 파손 가능성을 낮출 수 있다. 셋째, 물리적, 기능적 공통점이 없더라도 특정 상황을 기반으로 범주를 만들기도 한다. 어떤 사진, 장난감, 헌 옷 등은 추억이라는 공통점으로 묶여 있어 버리지 못하고 이삿짐에 싣기도 한다.

사람들은 범주화를 통해 한정된 뇌의 기억 자원을 목적과는 상관없는 부차적인 것에 낭비하지 않게 되었다. 또한 선택과 집중으로 일 처리 시간을 절약하고 작업의 효율성도 높이게 되었다.

(2) 개념은 또한 사람들 사이 협업을 가능하게 한다. 개념, 즉 관념 또는 언어가 없다고 할 때 사람들은 몸짓이나 어떤 형상을 그려가며 자기 경험을 타인에게 전달할 수밖에 없을 것이다. 개념이 만들어지자 이제 사람들은 경험을 오래 보존하고 광범위하게 전달할 수 있게 되었다. 계획에 따라 함께 협력하며 문명을 이루게 되었다. 2차 표상 즉 추상적 인식을 통한 타인과의 공유로 사람은 동물보다 우월해졌다. 추상적 인식이라는 고도의 지능으로 사람은 지구의 주

인이 되었다. 간단히 말해 사람을 동물과 구별 짓는 것은 직관적 표상을 개념적 표상으로 전환하는 추상적 사고의 능력, 곧 "개념의 힘"이다.

1차 표상과 2차 표상

1차 표상	2차 표상
	연꽃
직관	개념

03
인식의 대전환

1. 인식의 주체와 인식 대상의 관계 전환

사람은 의식작용을 통해 바깥의 대상 세계를 파악하고 이해하며 예측한다. 이 의식 세계는 감각자료를 직접 관찰해서, 곧 직관(直觀)해서 만들어진 1차 표상과 1차 표상에서 공통점을 찾아 이름을 붙인 2차 표상, 곧 개념을 위주로 구성되어 있다. 그리스의 철학자 플라톤(Plato)으로 대표되는 서양철학의 전통에서는, 감각적 경험을 추상적 사유에 비해 열등한 것으로 봤다. 플라톤은 동굴의 비유에서 감각적 지각으로 비치는 세계는 그림자에 불과할 뿐이고 이성적 사유로 세상의 참된 모습을 볼 수 있다고 했다. 프랑스의 철학자 데카르트(René Descartes)도 "밀랍과 같은 물체들은 감각이나 상상력이 아니라 오직 지성으로써 지각되며, 만져지거나 보여서가 아니라 오로지 인식되는 까닭에 지각된다."[5)]라고 했다.

독일의 철학자 칸트(Immanuel Kant)는 이러한 전통을 뒤집는 생각의 전환을 시도했다. 칸트에 따르면 직관과 개념은 사람의 의식 속에서 재현되는(represent) 표상이라는 점, 개념은 직관에서 유래한다는 점, 대상 세계에 대한 인식은 직관과 개념이 힘을 합쳐야 가능하다는 점 등을 고려할 때, 직관과 개념은 동등한 인식능력이다. 즉 기존 서양철학의 주류는 추상적 사고의 능력인 지성 또는 이성을 감각적 지각의 능력인 감성 또는 상상력보다 우위에 있는 인식능력이라고 여겼지만, 칸트는 둘 사이에 우열 관계가 없다는 관점을 제시했다.

플라톤은 감각으로 감지되는 것 이면에 있는 불변의 세계, 즉 이데아(Idea)를 찾아 나서는 것이 세계에 대한 참된 인식이라고 봤다. 반면에 칸트는 감각적 지각을 벗어나서는 대상 세계를 인식할 수 없다고 봤다. 이데아 또는 초감성적인 "물자체"(thing itself)의 세계는 감각적 지각으로는 파악될 수 없기에 우리는 그 세계가 어떤지 알 수 없다는 것이다. 칸트에 따르면 물자체, 곧 사물 그 자체는 경험적 인식의 대상이 아니라 초경험적인 사유 또는 믿음의 대상이다. 예를 들어 플라톤은 사람의 영혼이 사후에도 소멸하지 않는다고 봤지만, 칸트는 영혼이 불멸하는지는 감각적 경험으로 파악될 수 없기 때문에 알 수 없다고 한다. 칸트는 초경험적 세계로 나가기 위해서는 "인식의 유한성"을 인정하는 것부터 출발해야 한다고 강조한다.

칸트는 이러한 세계 인식의 관점 전환을 코페르니쿠스가 지동설을 주장한 것에 비유했다. 전통적인 철학의 관점에서는 인식의 대상인 세계 또는 물자체가 중심에 있고 인식의 주체인 사람은 그 주위를 도는 수동적인 위치에 있다. 칸트는 이와 반대로, 인식의 주체인 사람이 중심에 있고 대상은 그 주위를 돌며 주체에 의해 인식되는 것으로, 대상과 주체의 주종관계를 전환하였다. 우리는 물자체, 곧 있는 그대로 바깥 실재를 알 수 없고, 우리가 가진 인식능력의 한계 내에만 나름대로 바깥세상을 파악할 수 있다.

데카르트는 "나는 생각한다. 그러므로 나는 존재한다."라고 했다. 이 말은 앎의 토대를 "생각하는 나"(cogito)로 두는 근대철학의 시작을 예고했다. 칸트가 앎의 준거점을 우리의 인식능력으로 옮긴 것도 같은 연장선 위에 있다. 인식의 주체인 사람을 중심에 두면, 사람을 에워싸고 있는 세계는 이제 "표상"으로만 존재한다. 심지어 이 세계 속에 살고 있는 '나'라는 존재도 표상으로 존재한다. 칸트의 표현을 빌리자면, "우리가 알 수 있는 것은 우리가 사물에 집어넣는 것이다."

[코페르니쿠스적 전환]

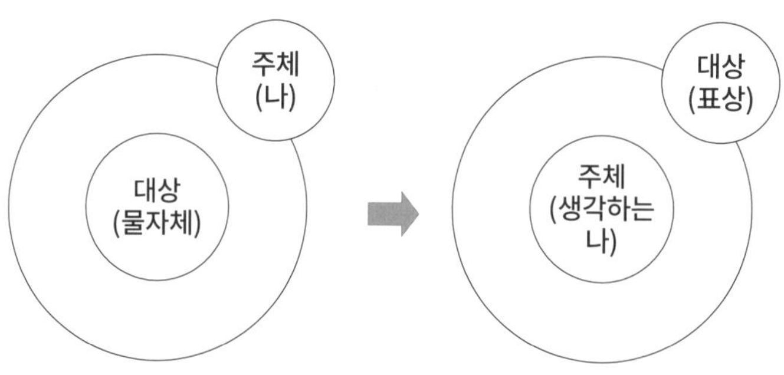

2. 인식의 형식, 시공간과 범주

칸트는 인식의 준거점에 사람의 의식을 위치시켰다. 그 결과 바깥세상은 의식 속에서 떠오르는 표상으로만 존재한다. 하지만 이렇게 관점을 뒤바꾼 것 못지않게 중요한 것이 있다. 그것은 『어떻게 사람의 의식 속에서 표상으로 파악되는 것들이 객관적 타당성을 가질 수 있는가?』라는 문제다.

칸트는 사람들이 공통으로 가지고 있는 일정한 형식 또는 조건에 맞추어 1차 표상과 2차 표상을 생성하기 때문에 객관적 타당성도 가질 수 있다고 봤다. 즉, 표상을 만드는 인식능력의 일반적 형식과 그 작동 원리들이 객관적 타당성의 근거가 된다는 것이다. 사람마다 세계를 보는 시각과 생각이 제각기 다르지만, 사람들 모두에게 세계를 보고 이해하는 공통의 분모가 존재한다. 인류에게 고유하면서도 공통적인 틀을 통해, 대상을 보고 사유하며 경험함으로써, 우리는 객관적이고 보편적인 지식을 얻을 수 있다. 그 공통의 분모가 있어야 사람은 객관적 인식의 주체가 될 수 있다. 그 틀은 사람의 마음속에 내재하며 경험을 가능하게 하므로 경험에 앞서는 "선험적"(tran-scendental 또는 초월적)인 것이다.

감각 자료는 우리에게 경험적으로 주어지는 것이지만, 그 내용을 정리하는 형식 자체는 경험에서 얻어지는 것이 아니라 경험에 앞서 전제되어 있어야 한다. 칸트는 "모든 경험 이전에 놓여 있는 경험의 조건"이 뭔지 찾아내기 위해 사람의 마음속으로 들어갔다. 이 마음의 틀은 사람의 외부에서 구할 것이 아니라서 감추어져 있을 수 없다. 또 매우 적은 분량이라고 추측되기 때문에 그 가치 유무를 충분히 판정할 수 있다고 예상했다.

감각적 지각, 곧 '직관'을 통해 1차 표상이 형성된다. 칸트는 1차 표상을 '현상'이라고 하고, 1차 표상을 만드는 인식능력을 '감성'이라고 한다. 일상생활에서 '감성적'이라고 할 때, 감성은 감수성과도 비슷한 뜻으로 쓰이지만 여기서는 감정이나 느낌과는 무관한 개념이다. 감성은 시각, 청각 등의 감각으로 사물을 수동적으로 받아들이는 능력이다. 추상적 사고를 통해 2차 표상이 만들어진다. 칸트는 2차 표상을 '개념'이라고 하고, 2차 표상을 만드는 인식능력을 '지성'이라고 한다. 칸트가 찾아낸 직관(또는 감성)의 형식은 "시간과 공간"이고, 개념적 사고(또는 지성)의 형식은 "범주"다.

인식의 내용과 형식

대상		직관의 형식	1차 표상 (현상)	개념의 형식	2차 표상 (개념)
	눈으로 직관	시간과 공간		범주	나무
물자체(?)	감성			지성	

3. 세상을 보는 새로운 시각

사람의 의식은 세상을 비추는 전등이다. 이 전등이 없으면 우리는 이 세상에 대해 아무것도 알 수 없다. 그래서 이 세상은 의식 속의 표상으로 존재할 수밖에 없다. 이렇게 앎의 준거점을 사람의 주관적 인식능력에 두면, '대상 세계에 관해서 객관적으로 보편타당한 지식을 얻을 수 있을까?'라는 의문이 생길 수 있다. 칸트가 밝힌 것은 『인류가 표상들을 정리하는 선험적 형식을 공유하기 때문에 표상이 주관적 환상에 그치는 것이 아니라 객관적이고 실재적인 세계를 반영할 수 있다.』라는 것이다.

앞서 예로 들었던 이삿짐 꾸리기를 다시 보자.

(1) 각각의 물품들이 인식의 대상이다.

(2) 우리가 이 물품을 싸서 차에 싣는 것은 대상을 의식 속에 집어넣는 것이다.

(3) 우리는 이 물품을 어디에 둘지, 어떤 순서로 실을지 정한다. 이것이 "시간과 공간의 형식"에 맞추어 1차 표상을 정리하는 것이다.

(4) 또한 우리는 물품을 "범주화"해서 분류한다. 범주화는 표준화 또는 규격화라고 표현할 수도 있다. 우선 크기, 모양에 따라 물품을 분류해서 공통되거나 유사한 것들끼리 묶는다. 이것이 "양의 범주"다. 그다음 물품의 성질, 기능에 따라서 나눈다. 이것이 "질의 범주"다. 그리고 물품들이 어떤 특별한 의미를 지니는지에 따라서도 나눈다. 이것이 "관계의 범주"다. 물품들을 어느 정도의 확실성으로 안

전하게 운반할 수 있을지가 "양태의 범주"다. 이러한 4개의 범주가 바로 2차 표상 즉 "개념의 형식"이다.

칸트는 인류가 시공간과 범주라는 선험적인 형식, 즉 머릿속에 내장된 틀에 맞추어 1차 표상과 2차 표상을 생성하고 정리한다고 봤다. 그 결과 객관적이고 보편적인 인식을 할 수 있게 되고, 더 나아가 지식을 축적하고 확장할 수 있게 되었다고 한다. 따로따로 깜박이던 반딧불들이 동시에 반짝거리는 "창발 현상"이 일어난 것이다. 사람들의 의식 세계가 공통의 틀에 맞추어져 함께 작동한다.

쇼펜하우어는 "칸트의 주저 '순수이성비판'을 읽는 사람이 그로 인해 정신에 받는 영향은 시각장애인이 내장안 수술을 받는 것에 비유할 수 있다."[6]라고 했다. 칸트가 250여 년 전에 가져왔던 인식의 대전환은 오늘날에도 유효하다. 사람의 의식 현상을 과학적으로 탐구하는 뇌과학의 연구 결과가 칸트가 확립한 사람의 인식모델과 대체로 일치한다. 칸트의 선험적 인식론은 사람의 마음을 정보 수집, 저장, 처리 시스템으로 본 것으로 해석될 수 있다. 컴퓨터 시스템도 이와 유사하게, 입력 데이터를 0과 1로 환원되는 디지털 데이터로 전환하고, 그 데이터를 알고리즘에 따라 처리한다. 디지털 데이터로의 전환은 시공간의 형식, 알고리즘은 범주의 형식에 대응한다. AI가 사람의 지능을 흉내 내고 따라올 수 있는 이유도 칸트의 인식모델로 설명된다.

04
칸트가 발견한 인식의 형식

1. 시공간과 범주의 적용 사례

[인식의 대상] 나는 겨울 아침에 호수공원을 걷다가 2마리 고양이 무리가 3마리 고양이 무리가 있는 곳으로 걸어가서 5마리 고양이 무리로 합쳐지는 것을 보고 있다. 나는 눈길을 돌려 밤새 호수의 물이 언 것을 보고 있다.

[1차 표상] 내가 시각으로 고양이 무리와 물, 얼음 등을 본 정보와 촉각으로 기온이 내려간 것을 체감한 정보는 뇌에 기억되고, 의식 즉 '생각하는 나'에 올려진다.

[1차 표상의 형식] 직관이 의식 속에 올려질 때 시간과 공간이라는 형식에 맞추어져 정리된다. 고양이 2마리 무리와 3마리 무리는 각각 다른 공간에 있는 것으로 배치한다. 시간이 흘러 고양이 3마리가 있던 공간에 고양이 5마리가 있는 것으로 배치한다. 나는 뇌에 저장되어 있던 기억을 떠올려 어제는 호수에 물이 있었던 것으로 배치

내가 본 대상

한다. 시간이 흘러 호수라는 같은 공간에 이제는 얼음이 있는 것으로 배치한다.

[2차 표상의 형식] '생각하는 나'는 내가 지각한 물체들이 고양이, 얼음, 물이라는 개념에 해당한다고 판단한다. 그리고 '양'의 범주를 적용하여 고양이의 숫자가 늘어났다고 판단한다. '관계'의 범주를 적용하여 기온이 0℃이하로 내려가서 물이 얼었다고 판단한다.

2. 1차 표상의 형식인 시공간

사람은 몸을 가진 존재로서 세계 속에서 다른 대상들과 구분되어 살아간다. 눈 귀, 코 등을 통해 전달받아 의식 속에서 떠오르는 감각자료, 곧 1차 표상은 공간적인 앞뒤 구분과 시간적인 선후의 구분 속에서 파악된다. 머릿속 여기저기에 감각자료들이 흩어져 있기만 하면 아무런 쓸모없는 기억의 파편에 불과하다. 고양이가 2마리라는 것을 파악하기 위해서는 먼저 고양이 2마리가 각각 다른 공간에 배치되어 있다는 것부터 정리되어야 한다. 물이 얼음으로 변했다는 것을 파악하기 위해서는 먼저 물과 얼음이 같은 공간에 배치되어 있고, 시간이 흘러 어느 순간 그 상태가 바뀌었다는 것부터 정리되어야 한다. 감각자료들이 시공간이라는 형식에 맞추어 정돈되어야, 감각적 경험의 일관성과 객관성이 확보될 수 있다. 따라서 시공간은 경험 이전에 우리의 심성 속에 갖추어져 있으면서, 경험을 가능하게 하는 선험적 형식이다.

그렇지만 '시공간도 감각기관을 통해 얻는 감각자료 중 하나다. 감각자료를 담는 형식이 아니다'라고 반박할 수 있다. 실제로 칸트 이전에 대다수 사람이 생각한 시공간은 사물이 존재하고 변화하는 경험적, 물리적 세계의 일부로서 양과 운동의 측정 단위에 불과했다.

칸트는 이러한 통념에 의문을 던졌다. 칸트도 시공간이 다양한 경험적 현상 안에 포함되어 있다는 것을 인정했지만, 그뿐만 아니라 표상의 세계 안에서, 즉 의식 속으로 들어올 때 시공간은 1차 표상들을 정리하는 형식이 된다고 봤다. 시공간은 내용을 담는 형식이라는 의미에서 순수 표상이다. 우리는 사물이 없는 공간이나 아무것도 일어나지 않는 시간을 생각할 수 있다(순수 표상). 그러나 공간이 없는 사물이나 시간 조건이 없는 사건의 발생과 변화는 생각할 수 없다(표상의 형식).

밤에서 아침으로의 시간 경과는 물, 얼음, 기온 체감 등의 1차 표상 속에 포함되어 있다. 이런 대상 세계의 경험은 한 순간씩, 한 프레임씩 차곡차곡 기억되어 "단일한" 의식 속에서 재생된다. 시간이라는 일직선 위에 수많은 감각자료의 프레임들이 정렬되고 재현됨으로써 감각자료는 일관성 있게 종합된다. 여기서 눈여겨볼 점은 의식 안에서 감각자료들이 재현될 때 시간은 공간을 포함하는 "모든 직관의 형식"이 된다는 것이다.

나의 밖에 있는 세계에 대한 직관의 형식, 즉 외적 직관은 공간이다. 나의 내면세계를 들여다보는 직관의 형식, 즉 내적 직관은 시간이다. 내 마음속에서는 바라보고 생각하고 욕망하는 등의 의식적인 활동이 계속되고 있다. 내적 직관은 내적으로 활동하는 나의 의식을 되돌아봄으로써 성립한다. 외적 직관도 그것이 내적으로 의식되어야만 의식의 대상이 될 수 있으므로 『시간은 내적, 외적 직관 모두의 형식이다.』 이것이 칸트의 위대한 발견 중 하나라고 평가된다.

3. 2차 표상의 형식인 범주

내가 지각한 물체들이 고양이, 얼음, 물이라는 개념에 해당한다고 판단한 것을 보자. 고양이, 물 등은 "경험적 개념"이다. 개념은 다양한 감각자료를 분류해 일정한 통일성을 갖게 하는 규칙과도 같다. 감각기관으로 지각한, 곧 경험한 각각의 고양이, 물에서 공통점을 뽑아 통일성과 규칙성을 부여하여 고양이, 물이라는 이름을 붙인 것이다. 내가 봤던 고양이 무리는 길고양이, 러시안 블루, 페르시안 등 다양한 종류의 고양이들로 섞여 있을 수 있다. 또 같은 종류의 고양이들도 점박이 무늬 고양이, 수염이 긴 고양이, 새끼 고양이 등 무수히 많은 특징으로 구분될 수 있다. 산책하던 나는 이러한 1차 표상의 다양한 특징들을 포괄해서 공통점을 찾아 고양이라는 개념에 해당한다고 판단했다.

'양'이라는 범주를 적용하여 고양이의 숫자가 늘어났다고 판단하고, '관계'(그중 인과성)라는 범주를 적용하여 기온이 0℃ 이하로 내려가서 물이 얼었다고 판단한 것을 보자. 자세히 생각해 보면, 양, 인과성과 같은 범주는 고양이, 물과 같은 경험적 개념들과 성격이 다르다. 양, 인과성은 감각으로 지각한 것에 공통점을 찾아 만든 경험적 개념이 아니라, 어떤 "추상적 사고의 틀 또는 규범"이라고 할 수 있다.

칸트는 '모든 대상 인식에 관여하고, 개별적 경험에서 독립한' 이런 특별한 개념을 "범주"라고 했다. 형식 논리학은 인식 대상의 내용과 그 대상의 차이를 무시하고 사고의 논리적 형식과 판정 원리를 다룬다. 이런 점에 착안하여, 칸트는 형식 논리학의 판단 형식들에서 경험에 앞서는 개념적 사고의 형식을 찾았다. 칸트는 범주를 "양, 질, 관계, 양상"이라는 4개의 항목과 그 아래 각 3개의 항목으로 세분했다. 양은 '단일성, 다수성, 전체성'로, 질은 '실재성, 부정성, 제한성'으로, 관계는 '지존성, 인과성, 상호성'으로, 양상은 '가능성, 현존성, 필연성'으로 나뉜다. 따라서 범주는 총 12개가 된다.

고양이 숫자를 세는 것은 '양'의 범주, 물과 얼음의 구분은 '질'의 범주, 물이 일정 온도 이하에서 얼음으로 변한다는 인과성은 '관계'의 범주, 그러한 변화가 예외 없다는 필연성은 '양태'의 범주에 속한다.

고양이, 물 등의 경험적 경험이 만들어질 때도 범주가 작용한다. 예를 들어, '고양이의 크기는 사람보다 작다'는 양의 범주가, '고양이는 육식을 좋아한다'는 질의 범주가, '고양이는 길들일 수 있다'는 관계의 범주가 적용된다. 이처럼 고양이에게 공통으로 발견되는 특징들을 범주별로 종합한다. 범주는 단순히 특성들을 나열하는 것이 아니라 특성들 사이 관계를 파악하여 의미 있는 개념으로 묶어준다.

4. '나는 생각한다'와 범주

칸트는 사람이 개념을 만들 수 있는 "본질적" 이유는 의식의 통합 작용이 있기 때문이라고 봤다. '나는 생각한다'라는 "단일한" 의식 속에서 1차 표상들이 시간이라는 형식에 따라 정리되고 통합되어 2차 표상이 만들어진다. 뒤집어 말하면 1차 표상 및 2차 표상 등 모든 표상의 형성 과정에는 하나의 의식작용이 수반되어 있다. 칸트는 이를 "통각"(apperception)이라고 했다. 통각은 표상활동, 곧 지각(perception)을 하나의 의식 아래 묶어주어 우리의 모든 경험과 인식이 '나'에게 속한다는 것을 보장하는 토대다.

만약 각각의 표상 형성 과정에 여러 개의 다른 의식작용이 수반된다면 표상들이 통일될 수 없다. 어제 호수공원에서 물을 봤을 때의 '생각하는 나'와 오늘 얼음을 봤을 때의 '생각하는 나'가 동일하기 때문에, 물과 얼음이라는 직관의 내용물에 시간 순서와 인과성의 범주를 적용하여 날씨가 추워져 물이 얼음으로 변했다고 판단할 수 있는 것이다.

그런데 칸트는 '나는 생각한다'가 모든 표상에 수반될 수 있어야 한다고 주장하면서도, 이러한 통합 작용이 왜 범주에 의해서만 가능한지, 범주가 왜 12개로 구성되어야 하는지에 대해 명확한 근거를 제시하지 않는다. 칸트와 견해를 달리해서, 의식의 통합작용에 따른 개념 형성은 범주와는 성격이 다른 것에 의해 가능할 수 있고, 범주가 기초로 삼은 12개의 판단 형식과는 다른 논리 형식에 의해서 가능할 수도 있겠다.

05
칸트가 구상한 사람의 인식모델

1. 시간과 범주의 결합

모든 1차 표상들은 시간과 공간이라는 형식에 맞게 정리되어야만 범주라는 형식에 따라 체계적으로 통합되어 2차 표상이 될 수 있다. 칸트는 성격이 전혀 다른 1차 표상과 2차 표상이 연결되려면 두 표상의 특성을 공유하는 연결고리가 필요하다고 봤다. 칸트는 그 매개체를 외적 직관 및 내적 직관을 포괄하는 직관의 형식인 "시간"이라고 했다.

내가 고양이 무리를 보고 고양이 2마리라고 판단한 것에 대해 생각해 보자. 고양이가 2마리라는 판단은 '양'의 범주 중 '다수성'을 적용한 것이다. 다수성은 동질적인 것들이 모여 하나의 집합을 이루는 것을 파악하는 데 사용되는 범주다. 이 범주를 적용하기 위해서는 우선 감각자료들이 시공간이라는 형식에 맞추어져 정리가 되어야 한다. 먼저 고양이 2마리는 같은 시간대에 공존하며 독립적인 공간을 차지하고 있는 물체들로 파악된다. 여기서 나아가 고양이 숫자를 세는 데는 시간의 도움이 더 필요하다. 양의 범주 그 자체로는 구체적 대상을 파악할 수 없기 때문이다.

단순하게 생각하면, 우리가 어떤 대상의 수를 셀 때는 한 번에 전체를 다 파악하는 것이 아니다. 동전이 10개만 넘어가도 한눈에 그 숫자를 파악하기 어렵다. 하나의 대상 다음에 다른 대상을, 그다음에 또 다른 대상을 순서대로 파악한다. 이렇게 숫자를 세는 것은 "시간상 후속적인 반복"이라고 할 수 있다. 다시 말해, 분량을 수(number)로 나타내려면 하나하나 더해가야 한다. 이때 시간이 없다면 숫자 세기는 불가능하다.

여러 마리의 고양이에 해당하는 물체를 봤을 때, 양의 범주를 적용해서 고양이 2마리라고 판단할 수 있으려면 '시간상 후속적인 반복'이라는 연결고리가 필요하다. 공간상 나누어져 있는 물체를 연속적으로 지각하고, 이렇게 본 것을 하나씩 시간 순서에 따라 기억해야 한다. 이러한 시간 순서에 따른 지각 내용에, '동질적인 것들이 모여 하나의 집합을 이루는 것'이라는 다수성의 범주를 적용하면 고양이 2마리라는 2차 표상이 만들어진다.

양은 기본적으로 크기의 개념이며 단위를 통해 측정된 수치로 상호 비교가 가능하다. 이를 바탕으로 고양이 3마리를 더하는 것이 가능하고, 더 복잡한 산술 계산식도 고안할 수 있다. 즉 시간은 모든 셈과 계산의 토대가 된다.

2. 범주의 도식

칸트는 범주에 직관의 형식인 시간을 결합한 것을 “범주의 도식”이라고 했다. 시간은 한편에서 보편적, 선험적 규칙으로 작용할 때 범주와 동종이고, 다른 한편 시간은 다양한 경험적 표상 안에 포함되어 있으므로 직관의 내용물들과 동종이다. 따라서 시간은 직관과 범주를 매개할 수 있고, 그 관계를 도식으로 나타낼 수 있다.

첫째, ‘양’의 범주에 해당하는 도식은 ‘시간 계열’인 “수”(數)다. 수는 동종적인 단위들을 연속해서 보태는 것이고, 시간상 후속적인 반복이다. 공간을 나누는 선은 점이 모여서 만들어지는 것이고, 시간도 한순간에 다른 순간을 계속 보태는 것이므로 양으로 파악해 수로 나타낼 수 있다. 더 나아가 공간 속에 존재하는 모든 사물의 크기와 모양은 양으로 파악될 수 있다. 그 “크기”를 “외연량”이라고 한다.

둘째, ‘질’의 범주에 해당하는 도식은 ‘시간 내용’인 “도”(度)다. 시간과 공간 중에 펼쳐져 있는 사물들은 그것의 특성들을 내포하고 있고, 우리는 다섯 감각을 통해 그 특성을 지각할 수 있다. ‘나는 춥다’처럼 주관적 감각으로 표현할 수도 있지만, ‘이곳 기온은 14도(度)다’라며 객관적 분량으로 표현하기도 한다. 감각기관에 미치는 영향의 정도, 즉 밀도적 크기는 온도, 음량, 색조, 무게 등으로 수량화할 수 있다. 그 “정도”를 외연량과 대비해서, “내포량”이라고 한다. 물의 온도, 즉 내포량이 0도 이하로 떨어지면 얼음으로의 질적 변화가 일어난다.

셋째, '관계'의 범주에 해당하는 도식은 '시간 순서'인 '지속, 후속, 동시'다. '후속'에 관해 예를 들어 보자. 나는 오늘 추운 날씨를 체감하고 호수가 언 것을 보며, 어제는 날씨가 따뜻했고 호수에 물이 있었던 것을 기억해 낸다. 이러한 시간 순서에 따른 지각 내용에 선행하는 원인과 후행하는 결과라는 인과성의 범주를 적용하면 기온이 영하로 내려가서 물이 얼었다는 2차 표상이 만들어진다.

넷째, '양태'의 범주에 해당하는 도식은 '시간 총괄'인 '혹시, 정시, 상시'이다. 이것에 대응되는 범주는 가능성, 현존성, 필연성에 해당한다.

범주의 도식[7]

범주		도식	
분량	전체성	시간 계열	수(數)
	다수성		
	단일성		
성질	실재성	시간 내용	도(度)
	부정성		
	제한성		
관계	지존성	시간 순서	지속
	인과성		후속
	상호성		동시
양상	가능성	시간 총괄	혹시(或時)
	현존성		정시(定時)
	필연성		상시(常侍)

3. 사람의 인식모델

칸트가 구상한 사람의 인식모델은『① 나의 밖에 있는 것을 지각하든지, 내 안에 기억되어 있던 것을 떠올리든지 해서 데이터(1차 표상)의 형태로 만든 다음, ② 시간이라는 형식에 맞추어 데이터를 모으고, ③ 그 데이터 조각들을 범주라는 형식에 따라 체계적으로 '나는 생각한다'라는 의식에 하나로 통합한다(2차 표상).』로 요약된다.

사람은 이 인식모델에 따라,『① 오늘 아침에 추운 겨울 날씨를 체감하며 호수의 물이 언 것을 보고, 2마리의 고양이 무리가 3마리의 고양이 무리와 합류하는 것을 본다. 또한 어제는 날씨가 따뜻했고 호수에 물이 있었다는 기억을 떠올린다. ② 고양이 무리와 호수의 위치 등 공간에 따라, 또한 고양이의 위치 변화 및 물의 상태 변화라는 시간에 따라 지각한 감각자료를 정리한다. ③ 고양이 숫자 세기라는 양의 범주, 물의 상태 변화는 인과성의 범주를 적용한다.』이처럼 감각자료의 시간에 따른 종합과 범주에 따른 통합 과정을 거쳐, 내가 본 고양이는 총 5마리이고, 기온이 내려가 물이 얼었다는 인식을 얻는다.

직관과 개념으로 구성되는 인식

1차 표상	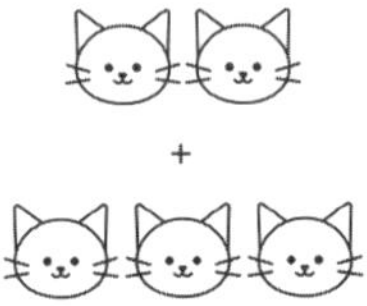 +	  ↓
시간	시간상 후속적 반복	시간의 선후
범주	양	인과관계
2차 표상	고양이 5마리	물 → 얼음

06
칸트의 인식모델과 뇌과학, AI

1. 동물도 직관의 형식을 가지는지

시간의 흐름에 따른 분량의 증감, 물질의 변화 등은 영리한 동물도 경험을 통해 감지할 수 있다. 이들은 고양이들의 공간적 위치 변화에 따른 고양이 무리의 규모 증가를 감지한다. 물이라는 과거의 표상을 재생해서 얼음이라는 현재의 표상과 비교하여 물질의 변화도 감지한다. 이 사례를 살펴볼 때, 동물들은 개념적 사고의 형식인 범주를 가지고 있지 않지만, 직관의 형식인 시공간은 가지고 있는 것이 아닌지 의문이 들 수 있다. 동물들도 직관해서 1차 표상을 만들 수 있고, 고양이 등 사물의 공간적 배치나 물의 결빙 등 시간의 흐름에 따른 변화를 경험할 수 있기 때문이다. 물질은 일정한 크기로 공간을 차지하며 존재하고 시간의 흐름에 따라 변화한다. 동물은 이러한 물질의 존재와 변화를 감지해서 세계로부터 물질을 얻으며 살아간다. 실험연구 결과에 의할 때도, 까마귀는 사각형, 삼각형, 별 모양 등 도형들의 패턴을 인식할 수 있다고 한다.

하지만 아무리 지능이 발달한 동물일지라도, 2마리에 3마리를 더하면 5마리가 된다는 분량 개념은 가지고 있지 않다. 또한 동물은 원인과 결과라는 인과성의 개념, 물은 일정 온도 이하면 반드시 언다는 필연성의 개념도 가지고 있지 않다. 동물의 인식은 1차적 직관에 그치고, 시간을 통해 1차 표상과 2차 표상에 연결할 수 있는 추상적 사고의 능력이 없다. 그래서 동물은 순간적 직관과 욕구에 따라 움직인다. 하지만 사람은 즉각적으로 행동하는 대신 선후관계를 꼼꼼히 분석하여 미래를 설계한 후 행동한다. 여러 가지 경우의 수를 따져 현실에 맞는 최선을 선택하고 실행한다.

2. 칸트의 인식모델과 뇌과학

눈으로 고양이 2마리를 보면 눈의 망막에 있는 초기 시각피질이 뇌로 신호를 보낸다. 뇌의 감각피질에서는 뉴런과 뉴런들 사이 상호작용으로 이 신호를 해석한다. 뉴런은 세 부분으로 이루어져 있다. 세포의 DNA를 담고 있는 '세포체', 다른 뉴런으로부터 전기 신호를 받아들이는 '가지돌기', 다른 뉴런에 전기 신호를 전달하는 '축삭돌기'다. 개개의 뉴런은 1/10볼트로 1/1,000초 정도 지속되는 전기 방전을 방출한다. 이 전기 신호 메시지를 한 뉴런에서 다른 뉴런으로 전달하는 것은 시냅스(synapse)라는 뉴런과 뉴런 사이의 작은 틈을 가로지르는 신경전달 물질의 흐름이다. 사람의 뇌에는

1,000억 개 정도의 뉴런이 있고, 각각의 뉴런은 1,000개 정도의 다른 뉴런과 연결되어 있다. 따라서 뇌에는 100조 개 정도의 시냅스가 존재한다.[8)]

뉴런이 활성화되어 시각피질로부터 전달받은 신호를 해석하면 하나의 '신경적 표상'이 생성되는데, 이것이 머릿속에 나타나는 고양이의 이미지, 곧 1차 표상이다. 우리가 고양이 2마리의 이미지를 떠올리고 숫자를 셀 때, 의식 속에서 1차 표상과 2차 표상이 시간에 맞추어져 통합된다. 그래서 뇌에서도 어느 한 부위에 표상들이 모아져 연상이 되는 것처럼 느껴진다. 그렇지만 다마지오(Antonio R. Damasio) 등 과학자들에 따르면, 모양, 색채, 음향, 동작 등의 신경적 표상들을 함께 모아 처리하는 뇌의 단일 부위는 따로 없다고 한다.

그러면 뇌에서 어떤 방식으로 신경적 표상들을 모아 통합할까? 다마지오에 따르면, 뇌가 "시간"이라는 수단을 통해 뇌의 여러 부위에 흩어져 있는 신경활동의 산물들을 조합해 통합한다고 본다. 즉 별개의 뇌 부위에서 발생하는 신경활동이 동일한 "시간 창"(time window) 안에서 협연하는 방식으로 통합된다는 것이다. '시간에 의한 통합'이라는 아이디어는 지난 수십 년에 걸쳐 분명해졌다고 한다.[9)]

뇌의 여러 구역에서 나누어져 생성되어 보존되는 표상들을 모아 시간 묶음으로 만들기 위해서는 '주의집중'과 '작업기억'이 필요하다. 어떤 대상과 행위에 대한 이미지, 관련된 도식, 도식을 언어의 형태로 번역하는 것을 도와주는 단어들을 모아 생각할 때는 주의를 기울임으로써 '초점이 맞춰져야' 한다. 또한 그러한 작업은 기억되어야 생각을 유지하며 계속 이어갈 수 있다.

다마지오는, 뇌 속에서 만들어진 신경적 표상들이 순간순간 "신경적 자아"(self)와 연관되어 있어야만 통합될 수 있다고 본다. 다시 말해 "이미지(표상)를 형성하는 데 필요한 깨어남과 각성은 자아와 관련이 있다. 우리는 이러한 이미지를 알고 있거나 소유하고 있는 사람으로서 자아를 경험한다."라고 한다.[10] 또한 신경적 자아는 자기의식(self-conscious)과는 다르고, 영속적으로 재창조된 신경생물학적 상태라고 한다.

물리학자인 라이트먼(Alan Lightman)은 물질로 이루어진 신경계의 뉴런이 어떻게 의식을 만들어낼 수 있는지에 관해 명확히 결론을 내기 어렵지만, "창발 현상"(emergent phenomenon)으로 설명될 수 있다고 본다. 라이트먼에 따르면, 뇌라는 물질 시스템은 감각 정보를 외부 세계에서 입력받고, 시간적, 공간적으로 구성된 외부 세계에 대한 "내부 지도"를 가지고 있다. 또한 과거의 경험에서 얻은 정보를 저장할 수 있고(기억), 서로 신속하게 소통할 수 있는 방대한 위계 구조의 행동 주체(뉴런)를 지니고 있다. 이러한 시스템에 따라 어떤 영적인 힘이나 초자연적인 힘이 개입하지 않아도 화학, 물리학, 생물학의 법칙에 따르는 수십억 개 뉴런의 집단적 상호작용에서 의식이 창발적으로 출현한다.[11]

결론적으로 『인식은 1차 표상과 2차 표상을 만드는 활동이다. 시간과 범주라는 선험적 형식에 따라 표상들이 하나의 의식 속에서 통합된다.』라는 칸트의 인식모델은 현대의 뇌과학에 의할 때도 과학적 근거가 있다고 할 것이다.

3. 칸트의 인식모델과 AI

호수 공원을 걸을 때 흐리던 날씨가 개서 고양이의 털 색깔이 더 선명하게 눈에 들어오는 것과 휴대전화로 고양이를 촬영하고 포토샵을 이용해 밝기를 높이는 것을 비교하면 다음과 같다.

사람은 눈으로 고양이의 형상을 보고, 시간의 흐름에 따른 고양이 털 색깔의 변화를 감지한다. 그다음 질과 관계의 범주를 적용하여 빛의 양이 강해져 고양이 털 색깔이 밝게 보인다고 인식한다. 한편 휴대전화로 고양이를 촬영하면 디지털 데이터 파일로 저장된다. 고양이 사진 파일을 PC로 보낸 후, 포토샵 프로그램에서 '밝기' 슬라이더를 '+10'만큼 올리면, 컴퓨터는 고양이 파일의 픽셀값 100에 10을

고양이 색깔 변화와 고양이 사진 포토샵 비교

사람	컴퓨터
시각으로 고양이 형상을 감지	휴대전화 카메라로 고양이 형상을 촬영
의식 속에 고양이의 이미지가 시간과 공간이라는 형식에 맞추어져 저장됨	'고양이.jpg' 파일로 저장됨
• 의식 속에 날씨가 변하기 전에 봤던 고양이 털의 색깔을 떠올림 • 질과 인과관계의 범주를 적용하여 고양이 털 색깔의 변화를 인식함	사용자가 포토샵 프로그램의 밝기 슬라이더를 '+10'으로 올리면, PC는 사진 파일의 픽셀값 100에 10을 더하여 더 밝게 처리된 사진을 출력함 ※ 여기서 10과 100은 예를 들기 위해 임의로 정한 값임

더하여 밝게 처리된 고양이 사진을 출력한다.

칸트가 파악한 사람의 인식 시스템과 컴퓨터 시스템은 표상의 생성과 표상의 처리라는 관점에서 파악할 때 매우 비슷하다. 칸트에 따르면 우리가 경험하는 세계에서 얻은 다양한 감각 자료는 시간의 형식에 맞춰질 때 외연량 또는 내포량으로 정량화된다. 이렇게 정량화된 자료들은 범주라는 논리적 관계로 통합됨으로써 인식되게 된다. 컴퓨터에서도 입력 데이터는 0과 1의 단위로 분량적으로 파악되는 디지털 데이터로 변환되고, 알고리즘이라는 논리적 관계에 따라 처리된다. 하지만 사람의 인식에서는 '생각하는 나'라는 자기의식의 통일작용이 있고, 자아와 대상 세계와의 상호작용이 있지만 컴퓨터에는 그러한 것이 없다는 점에서 차이가 난다.

사람과 컴퓨터의 정보처리 비교

데이터를 시간이라는 형식에 맞추어 정량화	디지털 데이터
데이터를 범주에 따라 논리적 체계적으로 처리	알고리즘

칸트의 인식모델과 AI에 관한 더 구체적인 내용은 기술적이고 전문적인 내용이 많다. 그래서 상세한 설명은 7장(사람의 인식 시스템과 컴퓨터 시스템의 닮음)으로 미루기로 한다.

지금까지 정태적, 거시적 차원에서 칸트의 인식모델을 살펴보았다. 그 핵심은 어떻게 표상이 탄생하고, 그 표상이 객관적 타당성을 가질 수 있는지이다. 시간과 범주의 결합인 범주의 도식으로 인식모델의 큰 그림이 그려졌다. 다음 장에서는 동태적, 미시적 차원에서 칸트의 인식모델을 살펴보기로 한다. 그 핵심은 어떻게 감각(1차 표상)에서 의미(2차 표상)가 탄생하고, 서로 연결되는지이다.

Chapter 02

칸트의 도식과 기계학습

01
상상력이 그리는 도식

1. 감성과 지성을 이어주는 상상력

아이들에게 장미꽃의 실물이나 그림을 보여주고 장미라고 가르쳐주면 많은 사례를 보지 않더라도 금방 학습해서 장미를 판별할 수 있게 된다. 그런데 장미의 종류는 다양하고, 닮은 꽃도 많아서 장미꽃 식별 문제는 생각보다 쉽지 않다. 아이들에게 장미를 그려보라고 하면 제각기 다르게 그리고 제대로 표현하지 못하는 경우도 많다. 아이들은 어떻게 장미를 인식하고, 식별할 수 있을까?

선생님은 '꽃의 잎이 어긋나고 깃 모양이면 장미다'라는 추상적인 장미의 개념을 설명해서 장미꽃을 판별하게 지도하지는 않는다. 백문(百聞)이 불여일견(不如一見)이다. 선생님은 '이렇게 생긴 꽃이 장미다'라고 보여준 다음, 아이가 다른 사진이나 그림을 보고 장미를 골라내면, 정답인지, 오답인지 체크만 해주면 된다. 선생님이 장미꽃을 판별하는 어떤 규칙이나 특별한 요령을 알려주는 것이 아니다. 장미꽃 판별 요령은 아이 스스로 터득할 수밖에 없다. 그러면 도대체 아이는 어떤 능력으로 이 문제를 풀어낼까? 그 답을 찾기 위해서는 앞서 살펴봤던 감성, 지성과는 다른 인식능력이 필요하다.

감성은 사물을 직관해서 1차 표상, 곧 현상을 만들어 낸다. 지성은 2차 표상, 곧 개념을 만들어 낸다. 그런데 감성의 작용인 직관과 지성의 작용인 개념은 성격이 전혀 달라 섞일 수 없다. 칸트는 "상상력"이 감성과 지성을 연결하는 매개체 역할을 한다고 봤다. 상상력은 통상 현재 없는 대상을 떠올리는 능력을 일컫는다. 부정적 의미로는 현실과 무관한 공상을 만드는 능력을 뜻하지만, 긍정적 의미로는 진부한 현실을 깨뜨리고 새로운 것을 창조하는 원동력을 뜻한다.

칸트철학에서 감성은 시각, 청각 등의 감각으로 사물을 "수동적"으로 받아들이는 능력이다. 지성은 규칙을 적용하고 개념을 "능동적"으로 생산하는 능력이다. 상상력은 감각자료를 종합해서 그 모습을 변형시키는 능력이다. 상상력은 감각자료를 재료로 한다는 점에서 감성의 특성을, 능동적으로 변형시키고 만들어낸다는 측면에서 지성의 특성을 가지고 있다. 상상력은 '구상력'으로 번역되기도 한다. 상상력은 감각 능력과 추론 능력 사이를 매개함으로써, 감각에 기반한 추상적 사고를 가능하게 한다.

2. 종합과 도식

아이가 어떻게 장미꽃을 구별할 수 있게 되는지 상상해보자. 먼저 장미꽃들을 유심히 관찰해서 머릿속에 각양각색의 장미를 떠올릴 것이다. 그다음 제각각의 꽃이 가지는 구체적인 특색들을 쪼개거나 모으거나 그 특색들의 위치를 바꾸어 새로 조합한다. 꽃잎의 모양, 색깔, 가시의 형태 등에서 장미만이 가지는 공통점, 즉 다른 꽃들과 구별되는 특성을 추출할 것이다. 이렇게 모여진 장미들의 형상이 압축되다가 마지막에 가서 장미와 들어맞는(matching) 어떤 윤곽이 그려지게 된다.

상상력이 작동하는 이 과정은 "종합"(synthesis)과 "도식"(圖式, scheme)으로 구분된다. ① 장미들의 모양을 머리에 떠올려 그 특징을 추출하고 압축하는 과정이 종합이다. ② 머릿속에서 장미의 구체적인 형상들을 점점 추상화하여 마지막에 윤곽 또는 뼈대만 남긴 것이 도식이다. 도식에서는 형상이 조금이라도 남아있었으나, 개념에서는 형상이 완전히 사라지고 관념만 남는다.

종이 위에 장미꽃을 그릴 때 장미꽃의 모양에 가깝게 그릴 수도 있고, 장미꽃의 특성만 잡아 더 간단하게 그릴 수 있다. 이렇게 구체적인 모습으로 그리는 장미꽃은 형상이지 도식이 아니다. 도식은 구체적인 형상으로 그릴 수도 없고 말로도 설명할 수 없다. 장미꽃의 도식이란, 장미꽃이라는 개념에 대응하는 장미꽃의 형태를 일반적으로 그려내는 어떤 "그림이자 공식"이다. 다시 말해 도식은 '머릿속에서만 그려내는 장미꽃 판별 공식'이다. 독일의 철학자 회페(Otfried Höffe)는 "도식에서 표상되는 것은 개별적인 것의 경험적 모양이나 개별적인 것에서 유리된 보편자의 개념이 아니라, 형상을 만들어내는 규칙의 색인(index)이다."[1]라고 했다.

칸트는 도식을 만드는 상상력의 기능 없이는 어떠한 인식도 가질 수 없되, 사람은 이러한 기능을 드물게만 의식하고 있다고 한다. 또한 상상력은 사람 "마음의 깊은 곳에 숨겨진 기술"로서 그 참 기량을 명백히 정시하기는 힘들다고 하며, 다음과 같이 설명한다. "상상력은 우리가 전혀 파악할 수 없는 방식으로 개념에 대한 기호를 상기할 줄 안다. 서로 다른 종류 대상 또는 한 종류의 수많은 대상으로부터 대상의 형상과 형태를 재생할 줄도 안다. 한 형상을 다른 형상 위에 포개놓고, 같은 종류의 많은 형상을 합치시킴으로써 이 모든 형상에 공통의 척도가 되는 중간치적인 것을 끌어낼 줄도 안다."[2]

사람들이 손글씨로 '6'이라는 숫자를 쓸 때는 각자 자신만의 필체가 있다. 그래도 사람들은 손글씨가 '6'에 해당하는지 잘 판별한다. '6'이라는 개념은 2차 표상이다. 시각적으로 표현되는 손글씨는 1차 표상이다. 사람들의 머릿속에는 '6'에 대응하는 도식이 그려져 있다. 우리는 말로 설명할 수 없는 공통적인 척도인 도식을 적용해 손글씨를 판별한다.

인식 과정

직관	도식	개념
		나무
형상	뼈대	관념

3. 도식의 종류

(1) 경험적 개념의 도식

장미꽃, 의자, 고양이 식별과 같은 사물 인식에서 도식은 1차 표상과 2차 표상을 일치시키는 데 사용된다. 1차 표상들의 개별적 특성을 파악하여 공통점을 추출하는 종합, 즉 경험의 축적으로 도식이 만들어진다는 의미에서 "경험적 개념의 도식"이라고 한다. 시각적인 1차 표상이 어떤 개념에 해당하는 사물인지 판별할 때, 추상적 개념으로는 판별할 수 없다. 어떤 판별 기준이 머릿속에 도식화되어 있어야 한다. 사물들의 개념은 언어로 명확히 규정되지만, 도식은 특정한 모습을 띠는 것이 아니다. 칸트의 표현대로, 도식을 만들 때 발휘되는 상상력은 마음속 깊은 곳에 숨겨진 기술이기 때문에 도식이 어떻게 만들어지는지, 어떤 모습인지는 풀리지 않는 수수께끼로 여겨진다. 아마 사람들의 머릿속에는 제각기 다른 모습으로 장미꽃의 도식이 그려질 것이다.

(2) 수학적 개념의 도식

삼각형, 원 등 "수학적 개념의 도식"도 있다. 이 도식은 경험의 축적이 아니라 수학적 개념에 따라 그려진다는 의미에서 경험적 개념의 도식과 성질이 다르다. 장미꽃 개념의 도식이 각양각색의 장미 형상과 다르듯이, 삼각형 개념의 도식은 칠판에 그리거나 머릿속에서 그려보는 삼각형의 개별적인 형상과도 다르다. 삼각형 개념의 도식은 세 개의 점과 세 개의 선분으로 이루어진 다각형이라는 개념을 형상화하는 규칙이다. 삼각형의 개념을 알기 위해서는 '세 개의 점과 세 개의 선분으로 이루어진 다각형'이라는 정의만으로는 부족하다. 삼각의 형태를 떠올려야만 삼각형의 개념을 이해할 수 있다. 삼각형의 개념에 대응하는 도식이 있어야 다양한 세모 모양을 삼각형이라는 개념 아래로 포섭할 수 있다.

수학적, 논리적으로 엄밀히 정의되는 '삼각형'에 대응되는 것이 수학적 개념의 도식이다. 반면에 '세모 모양'이라는 개념에 대응되는 것은 경험적 개념의 도식이다. 세모 모양은 수학적, 추상적 개념이 아니라 직관적, 경험적 개념으로서 세 변과 세 각으로 이루어진 형태를 지칭한다. 꾸불꾸불한 선으로 만든 것도 세모 모양이 될 수 있다.

삼각형, 원 등 수학적 개념은 도식을 통해 경험 세계와 무관하게 그 자체로 구체성을 띨 수 있다. 장미꽃 판별에서는 각양각색의 장미꽃이라는 경험 세계의 1차 표상이 있지만, 삼각형의 도식에서는 이러한 1차 표상이 없다.

경험적 개념의 도식에서는 1차 표상과 2차 표상의 성질을 모두 가지는 도식이 두 표상의 매개체 역할을 했다. 수학적 개념의 도식에서 도식은 이러한 매체 역할을 하지는 않고, 추상적인 수학 개념을 공간 속에 구체화하는 역할을 맡는다. 그래서 장미꽃의 도식은 사람의 머릿속에서 제각기 다르게 그려지지만, 삼각형의 도식은 사람마다 거의 같게 그려질 것이다. 경험적 개념으로는 경험 세계를 완벽하게 단순화, 추상화할 수 없어서 경험적 개념의 도식도 불완전하고 유동적일 수밖에 없다. 반면에 수학과 논리는 경험 세계와 무관하게 개념상 완전할 수 있다. 수학의 확실성도 여기에 기인한다. 치밀한 분석 과정을 통해 100% 정답을 찾을 수 있다. 수학적 개념이 완벽히 이해된다면 그 도식도 유동적으로 변하지 않고 일정할 것이다.

(3) 범주의 도식

앞서 살핀 바와 같이 현상과 범주를 시간에 의해 매개하는 것이 '범주의 도식'이다. 시간은 현상과 범주를 매개할 수 있고, 그 관계를 도식으로 나타낼 수 있다. 이 도식도 상상력의 산물이다. 범주는 순수 지성의 개념으로서 일반 개념과 그 성질이 전혀 다르다. 그래서 범주의 도식은 경험적 개념이나 수학적 개념의 도식과도 성격이 다르다.

02
도식을 수정하는 판단력

1. 도식을 적용하는 판단력

빠른 속도로 장미꽃 구별 방법을 습득하는 아이도 있지만 학습 진도가 느린 아이도 있다. 판단의 정확도도 천차만별이다. 그 이유는 무엇 때문일까? 장미꽃을 판별하기 위해서는 상상력 외에도 한 가지 능력이 더 필요하다. 그것은 "판단력"이다.

지성은 개념 또는 규칙을 형성하고 이해하는 능력이다. 동전의 양면과 같이, 판단력은 개념을 실제 사례에 적용하는 능력이다. 즉 지성은 사례를 모아 규칙을 만드는 능력이고, 판단력은 그런 규칙 아래로 사례를 포섭하는 능력이다. 바꾸어 말해 판단력은 특수한 것을 보편적인 것에 포함된 것으로 사고하는 능력이다. 어떤 꽃들의 형상에다가 다른 꽃들과 구별되는 공통된 규칙을 적용하여 장미라는 개념을 붙이는 것은 지성의 작용이다. 각양각색의 꽃을 보고 그중에서 장미꽃을 골라내는 것은 판단력의 작용이다.

장미꽃의 개념을 이해했다고 하더라도, 어떤 꽃을 보고 장미라고 잘 판단할 수 있는 것을 보증하지는 않는다. 장미꽃의 개념은 언어로 표현되어 이해되지만, 우리가 판별해야 하는 제각각의 물체들은 시각적인 형상으로 주어질 뿐 말로 주어지지 않기 때문이다. 장미 판별에는 형상과 친화적이면서도 개념처럼 일반화된 어떤 것, 즉 도식이 필요하다. 도식은 개별적 경우들을 개념 아래 포섭시킬 수 있는 조건을 제시함으로써 판단에서 핵심적인 역할을 맡는다. 장미라는 개념에 대응되는 도식이 상상력으로 머릿속에 또렷하게 그려져 있으면, 눈에 들어온 꽃을 장미의 도식과 매칭시켜, 장미에 해당한다고 정확하게 판단할 수 있다.

회페(Otfried Höffe)는 "판단력은 직관의 성격과 개념의 성격을 동시에 지닌 도식을 활용하여, 개념을 그때그때 주어지는 직관적 재료와 사례에 맞게 끌어낼 수 있다."[3]라고 한다. 프랑스의 철학자 들뢰즈(Gilles Deleuze)는 "지성의 개념을 적용하기 위해서는 상상력의 창조적인 활동의 산물인 도식이, 개별적인 경우들에 개념 아래 포섭될 수 있는 조건을 지시할 수 있어야 한다. 지성 자신이 판단한다고 생각하는 것은 잘못이다. 지성은 개념을 오로지 판단하는 데 사용할 수 있을 뿐이다. 이 사용은 상상력의 고유한 활동이다."[4]라고 한다.

2. 천부의 자질인 판단력

아리스토텔레스는 경험자 쪽이 경험이 없고 개념적인 원칙만 아는 사람보다도 한결 더 일을 잘 처리한다고 봤다. 예를 들어 의사가 일반적 치료 원칙을 배우고 보편적 법칙을 이해했다고 하더라도 임상적 경험이 없다면 개별적인 경우의 특수성을 모르기 때문에 치료에 실패하기 쉽다고 한다. 개념을 이해하는 능력인 지성과 개념을 실제 적용하는 능력인 판단력을 별개의 능력으로 본 것이다.

칸트는 판단력을 지성과 구별되는 인식능력으로 여기는 것에서 한 걸음 더 나아가 "타고난 자질"로 봤다. 즉 의사, 재판관, 정치가 등 전문가들의 판단을 예로 들며 판단력은 타고난 자질로서 습득할 수 없고 숙달될 수 있을 뿐이라고 한다. "일반논리학은 개념·판단·추리 안에 있는 인식의 형식만을 분석적으로 떼어내어, 지성이 작용할 때의 형식적 규칙을 정립한다. 지성은 이런 규칙들에서 가르침을 받을 수 있고 보강될 수 있다. 반면, 판단력은 가르쳐지지 않고 연마될 뿐이다. 판단력은 교육으로도 보충될 수 없는 천부의 자질이다. 의사·재판관·정치가는 각자의 분야에서 병리학·법률·정치에 관한 많은 훌륭한 규칙들을 머릿속에 가질 수 있다. 그렇지만 그것의 적용에서는 잘못을 범하기가 쉽다. 그 까닭은 일반적인 것을 추상적으로 통찰할 수 있는 지성이 부족해서가 아니다. 천부의 판단력이 부족해서 구체적인 예가 어떤 규칙에 속하는지를 식별할 수 없거나 실례나 실무에 의해서 판단에 충분히 숙달되지 못했기 때문이다."[5)]

3. 판단의 두 가지 종류

사람들은 수학이나 논리, 전문 지식을 활용하여 체계적이고, 세밀하게 규칙을 짜서 복잡하고 어려운 문제를 잘 해결한다. 바둑 규칙, 건축 설계, 지하철 노선도, 일출 시각 계산 등의 일이 이러한 경우에 해당한다. 미리 정해둔 규칙 또는 개념으로 구체적 사안의 부합 여부를 판단하므로, "규칙 기반 판단"이라고 이름 붙일 수 있다.

또한 사람들은 명확한 이론이나 설명이 없어도 실생활에서 어려움을 잘 해결한다. 장미꽃 판별, 차 운전, 투자 판단 등이 이러한 경우에 해당한다. 장미꽃의 개념이 아니라 장미꽃의 도식에 따라 판단하므로, "도식 기반 판단"이라고 이름 붙일 수 있다.

우리가 살아가는 현실 세계는 1차 표상과 2차 표상이 복잡하게 얽혀 있는 "표상으로서의 세계"다. 사람의 지적 활동이 논리적으로 보여도 논리와 언어로 설명이 되지 않는 경우도 많다. 대부분 규칙 기반 판단과 도식 기반 판단이 섞여 있고 명확히 구분되는 것도 아니다.

예를 들어, 의사의 장티푸스 진단을 보자. 의사가 장티푸스를 진단할 때는 환자의 임상적 증상을 확인하고 다양한 검사를 통해 확진한다. 의사는 고열, 두통, 오한, 설사 등 환자의 증상을 종합적으로 확인하여 장티푸스를 의심하고, 균 배양 검사, 혈청 검사 등을 통해 확진한다. 의사가 장티푸스라는 병리학적 개념을 알고 있더라도 환자들의 체질, 환경, 지병 등에 따라 증세가 다르게 나타나기 때문에,

임상적 경험이 부족한 의사는 잘못 진단할 수도 있다.

장티푸스 진단은 장미꽃 판별과 마찬가지로, 장티푸스라는 경험적 개념을 개별 사례에 적용하는 문제이다. 물론 문제 해결 방법이 장미꽃 판별보다는 훨씬 복잡하다. 장미꽃 판별에서는 장미꽃의 형상을 종합해서 만들어지는 도식에 따라 판별하면 된다. 장티푸스 진단에서는 환자의 증상 확인과 검사들을 종합해서 판단해야 한다. 개별 환자들의 증상에는 일반적 장티푸스 환자의 증세에서 예정되어 있지 않은 비전형적이고 예외적인 사례들도 많다. 어떤 범위와 항목에서 증상을 확인해야 할지, 어떤 증상에 주목해야 할지, 어떤 검사를 어떤 범위까지 실시할지, 검사 결과 분석을 어떻게 할지 등 여러 복잡한 단계를 밟아나가야 한다.

이때 필요한 것은 풍부한 임상적 경험이다. 훈련이 잘되고 노련한 의사는 경험하고 기억한 것을 뇌의 어디엔가 저장해 두었다가 의미론적 연상이나 지각적 연상을 통해 접근한다(연상 접근, associative access). 시간 순서에 따라 얽혀 있는 사실관계를 구분하고, 진단에 필요한 여러 개념을 논리적으로 모순 없이 정리해서 적용할 때는 규칙 기반 판단과 도식 기반 판단이 섞이게 된다.

법률가의 판단에서도 마찬가지다. 비슷해 보이지만 법 적용에서는 똑같은 사안은 없다는 말이 있다. 법률가는 구체적 사안의 사실관계를 시간 순서와 육하원칙에 따라 정돈하고, 그와 들어맞는 법률 규정, 판례, 법 원칙을 찾아내 적용한다. 아무리 법을 열심히 공부하더라도, 복잡하고 미묘한 사안일수록 정확한 법률 적용을 하기는 쉽지 않다. 숙련된 법률가가 개별 사안에 마주칠 때는 순간적으로 말로 표현할 수 없는 어떤 직감이 머릿속에 떠오른다. 그 직감을 무시할 수 없다. 어려운 문제들은 대부분 수학이나 논리 문제를 풀 듯이 기계적으로 풀리지 않기 때문이다. 물론 법률적 결정은 매우 신중하게 내려져야 하기에 직감에만 의존해 판단하지 않는다. 그 직감을 말로 풀어 논리적으로 잘 설명하면 판단의 신뢰성이 높아진다. 이처럼 규칙 기반 판단과 도식 기반 판단이 섞이게 된다. 사안별로 법이 다르게 적용되는 것처럼 느껴질 수도 있지만, '감'이 좋은 또는 리걸 마인드(legal mind)가 잘 형성되어 있는 법률가는 정답 또는 최선의 답을 찾을 수 있다.

4. 표상과 도식

장미꽃 식별은 사물 인식이다. 엄밀히 말해 사물 인식은 개념을 전제하지 않는다. 동물이나 사람은 생존을 위해 먹을 수 있는 것을 구분할 줄 아는 것부터 익힌다. 돌아다니며 새로운 영양 공급원을 확보하거나 다양한 포식자에게 자신을 노출하지 않고 피해 다니기 위해서는 모든 감각기관을 동원해 주변 사물을 인식해야 한다. 감각기관으로 받아들인 자료를 기억해서 종합하고 도식을 만드는 것이 사물 인식이다. 동물은 개념을 인식할 수 없다. 그래서 동물이 머릿속에서 그리는 도식은 개념과 매칭되지 않기 때문에 매우 낮은 수준의 일반화 단계에 이를 것이고, 개별 사물의 인상을 기억해두는 것에 가까울 것 같다.

동물은 현재, 과거, 미래를 의식적으로 구분하지 못한다. 여기에 있는 것과 과거 여기에 있었던 것의 차이를 명확히 구분해서 학습하지 못한다. 그 결과 동물이 인식할 수 있는 정보는 1차 표상에 불과하다. 반면에 사람은 시간으로 1차 표상들을 정리해서 조직화하고, 규칙성을 발견하며 개념화해서 2차 표상을 만든다. 도식에 개념을 연계하면 훨씬 세밀하게 사물을 구분하여 인식할 수 있다. 미국인들은 낙지와 문어를 봤을 때 그 차이를 인식하지 못한다. 낙지와 문어는 영어로 'octopus'라는 하나의 단어로 번역되기 때문이다. 미국인들은 낙지와 문어를 동일한 도식에 따라 인식한다고 봐야 할 것이다.

동물은 1차 표상 정보만 알고 살아간다. 하지만 사람은 1차 표상뿐만 아니라 2차 표상으로 된 정보 속에서 살고 있어, 사람의 사고 형성과 의사결정은 훨씬 복잡하다. 사람은 일상에서 어떤 교통수단을 이용해서 다닐지, 점심 식사는 누구와 함께 먹을지, 주말은 어떻게 보낼지 등 일정을 짜고 수많은 의사결정을 해야 한다. 일상의 자질구레한 선택사항 말고도 투자 여부, 의학 치료, 정책 결정 등 주의해서 결정해야 하는 일에 부딪힌다. 이 속에서 사람들은 현재에 집중하고 즐기기보다는 과거의 일을 두고 후회하거나 불확실한 미래를 걱정하며 살아가기 십상이다.

03
컴퓨터 프로그래밍의 두 가지 종류

1. 규칙 기반과 기계학습

컴퓨터 프로그래밍의 방식은 "규칙 기반"(rule based)과 "기계학습"(machine learning)으로 나눌 수 있다.

규칙 기반(rule based) 또는 지식 기반(knowledge based) 프로그래밍은 언어와 논리로 알고리즘을 미리 짜 입력하는 방식을 취한다. 지식을 프로그램 안에 심어 놓고, 논리 추론 시스템이 지식을 가지고 작동하는 방식이다. 프로그래머는 컴퓨터에 시키고자 하는 작업을 이해한 상태에서 프로그래밍을 진행한다. 'A이면 B를 한다'라는 식으로 규칙을 미리 정해준다. 앞에서 살펴본 포토샵 프로그램이 규칙 기반 방식의 예이다. 사용자가 포토샵 프로그램의 밝기 슬라이더를 '+10'올리면, 사진 데이터 파일의 픽셀값 100을 가져와 100+10을 계산하도록 미리 프로그램을 짜둔다. 한글, 엑셀 등의 애플리케이션도 규칙 기반 방식으로 만들어진 프로그램(소프트웨어)이다.

기계학습 프로그래밍은 문제 풀이 방법인 소프트웨어를 미리 컴퓨터에 주입하는 것이 아니라 컴퓨터가 스스로 그 방법을 찾도록 한다. 학습을 통해 데이터에 있는 패턴을 찾아 문제풀이 방법을 만들어낸다. 사물 인식, 자율주행, 알파고, 챗지피티 등이 기계학습 방식으로 만들어진 소프트웨어다.

사람들은 체계적이고, 세밀하게 규칙을 짜서 복잡하고 어려운 문제를 잘 해결한다. 잘 짜인 길잡이, 각종 그래프, 설계도, 지하철 노선도, 조직도, 시간표 등이 있어야만 일을 신속히 효율적으로 처리할 수 있다. 이처럼 지식이나 규칙으로 정형화될 수 있는 문제는 규칙 기반 방식으로 풀 수 있다. 결과값이 고정되어 있거나, 오류 없이 100% 정확한 규칙을 구현해야 할 때는 규칙 기반 방식이 적합하다.

하지만 사람의 지적 활동이 논리적으로 보여도 논리와 언어로 설명이 되지 않는 경우도 많다. 사물 식별 등 사람들이 쉽게 풀지만 어떻게 알아맞히는지를 언어와 논리로 잘 설명이 안 되는 문제도 있다. 사람들은 일상생활에서 부딪히는 여러 문제를 딱 들어맞는 지식 없이 잘 해결하지만, 규칙 기반 프로그래밍으로는 이러한 사람의 지능을 따라가기 힘들다. 예를 들어 사람은 꽃을 보고 장미꽃에 해당하는지 쉽게 판별할 수 있지만, 그 꽃이 장미에 해당하는 근거를 설명하라고 하면 쉽지 않다. 컴퓨터에 이 일을 시킬 때 규칙 기반 방식을 취하면 '꽃의 잎이 어긋나고 깃 모양이면 장미다'라는 등의 규칙을 미리 정해줘야 한다. 아무리 세세하게 장미꽃의 특성에 대한 지식을 표현하더라도 그 표현에서 벗어나는 샘플이 발생할 수밖에 없다.

논리적으로 해결하기 어려운 감각적, 직관적 작업에는 기계학습 방식이 적합하다. 프로그래머는 그 일을 이해하지 못한 상태에서도 컴퓨터에 일을 시킬 수 있다. 다만 학습을 통해 오답률을 줄여나가며 적합한 문제풀이 방식을 찾기 때문에 100% 정답이 보장되지 않는다. 학습한 모델이 틀린 답을 낼 확률을 수학적으로 분석하고 원하는 수준에서 관리한다. 대체로 데이터를 많이 사용할수록, 학습 시간을 더 많이 할애할수록 오답률은 낮아진다.

규칙 기반 프로그래밍은 정형화하기 어려운 문제에 적용하기 어렵고, 상황변화에 대응하는 유연성이 떨어진다는 단점이 있다. 모든 사항을 고려한 규칙 집합을 구성하기는 어렵고, 예외도 너무 많다. 조건이나 상황이 바뀌면 그때마다 규칙을 업데이트해야 하고 예상을 벗어나는 새로운 상황에는 대처하지 못한다. 그러나 정확성이나 안정성이 높다는 장점도 있다. 기계학습 프로그래밍은 논리적으로 해답을 찾기에는 너무 복잡하거나 데이터가 방대하거나 직관력에 의존할 수밖에 없는 문제해결에 장점이 있다. 그러나 기계학습은 확률로 정답률을 관리하고, 예상 밖의 오답이 나오기도 한다는 점에서 정확성과 안정성이 떨어진다는 단점도 있다. 그래서 두 프로그래밍을 혼용하는 경우가 많다.

2. 퍼셉트론 알고리즘으로 살펴보는 기계학습

AI 연구자인 로젠블라트(Frank Rosenblatt)가 1950년대에 제안한

'퍼셉트론'(perceptron) 알고리즘으로 기계학습의 기본적인 작동방식을 살펴보자.[6] 퍼셉트론은 인공신경망(artificial neural network)의 기원이 되는 알고리즘으로 그 작동원리가 간단하다.

(1) 기본 구조

예를 들어 데이터로 두 종류의 꽃 A, B 사진과 그 꽃들의 길이(x)와 너비(y)가 주어진다. 데이터 명세는 다음과 같다.

입력 데이터

	길이(x)	너비(y)
B1	1	2
B2	2	3
B3	3	3
A1	3	1
A2	4	2
A3	5	2

이 데이터를 x, y축 그래프에 표시하면 다음과 같다. 각 점은 $3x-4y=3$이라는 직선식으로 경계를 나눌 수 있다.

$3x-4y>3$(직선의 경계 아래쪽)에 해당하면 A이고, 그 경계 위쪽에 있으면 B이다.

물론 기계학습에서는 데이터를 나누는 경계선 $3x-4y=3$이 미리 주어지는 것이 아니다. 주어지는 데이터를 가지고 학습을 통해 직선식의 변수를 수정해 가며 최종적으로 $3x-4y=3$을 찾는 것이 기계학습이다.

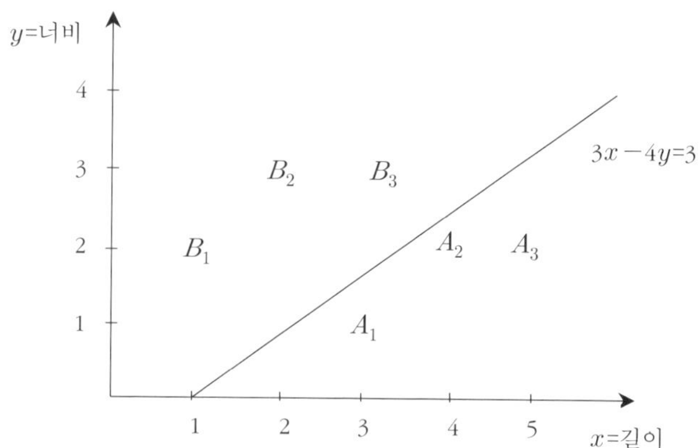

이렇게 찾은 $3x-4y=3$을 이용하면 새로운 데이터가 주어질 때 A, B 중 무엇에 해당하는지 믿을 만한 예측을 할 수 있다. 새로운 데이터 (3, 4)가 주어질 때 직선 위쪽에 있으므로 B로 예측할 수 있다.

(2) 알고리즘, 학습

① 퍼셉트론 알고리즘에서 제공되는 입력 데이터는 두 가지 종류의 정답(A, B)과 각각의 정답에 해당하는 특성들(x, y)이다.

② 퍼셉트론 알고리즘은 특성에 변수를 곱한 후 이를 더하는 방식으로 구성된다. $ax+by>c$ (x, y는 특성, a, b, c는 변수)

③ 입력 데이터들을 가설($ax+by>c$)에 하나하나 대입하면서 매번 가설을 유지하거나 수정하는 방식으로 '학습'한다.

예를 들어, 입력 데이터의 종류와 특성이 다음과 같이 주어진다고 하자.

종류 \ 특성	x	y
+	4	1
-	1	2
+	5	1
-	3	2
+	5	2
-	4	3

변수 a, b, c를 0으로 놓아, $0x+0y>0$에서 출발한다. 다만 c의 값을 변형시켜, $0x+0y+0z>0$으로 둔다.

① 위 초기 가설에 첫 번째 데이터 (4, 1)을 대입하면 $0\cdot 4+0\cdot 1+0\cdot 1>0$($z$는 항상 1을 대입)이 된다. 그런데 (4, 1)이 +인데 답이 −로 나오므로 기존 변수에 특성값(z의 값 1도 포함)만큼 더해 새로운 변수를 만든다. 즉 $(0+4)x+(0+1)y+(0+1)z>0$으로 변수를 조정하면 새로운 가설은 $4x+1y+1z>0$가 된다.

② 새로운 가설에 두 번째 데이터 (1, 2)를 대입하면 $4\cdot 1+1\cdot 2+1\cdot 1>0$가 된다. 그런데 (1, 2)가 −인데 답이 +로 나오므로 기존 변수에서 특성값만큼 빼서 새로운 변수를 만든다. 즉 $(4-1)x+(1-2)y+(1-1)z>0$으로 변수를 조정하면 $3x-1y+0z>0$가 된다.

③ 새로운 가설에 세 번째 데이터 (5, 1)을 대입하면 $3 \cdot 5 - 1 \cdot 1 + 0 \cdot 1 > 0$가 된다. 그런데 (5, 1) +인데 답이 +가 나오므로 가설 $3x - 1y + 0z > 0$을 그대로 유지한다.

요약하면 입력 데이터 종류와 같은 답이 나오면 가설을 유지한다. 입력 데이터가 +인데 답이 −로 나오면 특성값만큼 변수를 증가시킨다. 왜냐하면 변수값이 커지면 +가 나올 확률이 그만큼 높아지기 때문이다. 반면에 입력 데이터가 −인데 답이 +로 나오면 특성값만큼 변수를 감소시킨다. 왜냐하면 변수값이 작아지면 −가 나올 확률이 그만큼 높아지기 때문이다.

이와 같은 방식으로 입력 데이터를 차례대로 대입해 변수를 조정하다 보면, 즉 여기서는 각각의 입력 데이터를 2회 대입해 총 12회(6개×2회) 학습하면, $3x - 6y - 1z > 0$을 찾아낸다. 6개 데이터의 어떤 것을 이 가설에 대입하더라도 데이터 종류와 답이 일치하게 된다.

(3) 요약

기계학습의 일종인 인공신경망의 기본 구조는 생각보다 단순하다. ① 데이터에서 특성을 추출한다. 길이(x)와 너비(y)가 특성이다. ② 특성에다 변수를 곱해서 더한다($ax + by > c$) ③ 학습을 통해 변수를 조정해서 적합한 변수를 찾는다($3x - 4y = 3$).

04
도식 기반 판단과 기계학습의 닮음

1. 감성과 지성의 들어맞음

고양이의 도식을 활용하여 어떠한 사물을 보고 고양이에 해당한다고 판단하고, 그 판단이 맞았다면 감성과 지성이 일치한다고 볼 수 있다. 그러면 인식에서 감성과 지성이 일치한다는 것의 일반적 의미는 무엇일까?

어떻게 성격이 전혀 다른 감성과 지성이 일치할 수 있는지에 대해서 칸트는 상상력이 감성적, 지성적인 면을 모두 갖추고 있으므로, 둘을 연결할 수 있다고 본다. 그런데 칸트는 도식을 만들 때 발휘되는 상상력이 마음속 깊은 곳에 숨겨진 기술이라고 했기 때문에, 도식이 어떻게 만들어지는지, 어떤 모습인지는 풀리지 않는 수수께끼로 남게 된다.

들뢰즈는 "인식의 영역"에서 지성과 감성이 어떻게 일치할 수 있는지는 여전히 미스터리로 남아있다고 본다. 어떻게 도식이 지성과 감성의 조화를 보충할 수 있는지 분명하지 않다는 이유에서다. 그는 기적에 호소하는 방법 말고는 감성과 지성의 조화를 보증할 방법이 없다고 한다. 하지만 지성이 규정성에서 벗어나 상상력과 자유로운 일치를 할 수 있는 "미적 영역"에서는 인식능력들의 일치 근거를 설명할 수 있다고 한다.[7)]

하지만 저자는『인식의 영역에서도 도식을 활용한 지성과 감성의 일치가 설명될 수 있다』고 생각한다. 도식에 기반한 사람의 판단과 기계학습은 매우 닮았다. 사람은 감각적 자료들에서 특성을 포착하여 도식을 뽑아낸다. 기계학습도 자료들에서 특성을 포착하여 패턴을 찾아낸다. 저자는 도식 기반 판단과 기계학습을 비교해 보면 감성과 지성의 일치라는 신비를 푸는 실마리를 찾을 수 있다고 생각한다.

2. 도식 기반 판단과 기계학습

사람의 도식 기반 판단과 컴퓨터의 기계학습을 비교해 보자. 이 둘은 문제풀이 방법을 찾는 방식이 유사하다. 그리고 문제풀이 방법을 설명 못 할 수도 있다는 점, 100% 정답이 아닐 수 있다는 점에서 공통점이 있다.

첫째, 문제풀이 방법을 찾는 방식이 유사하다.

① 도식 기반 판단에서, 직관의 작용으로 꽃(A, B)을 지각한다.
기계학습에서, 꽃(A, B)이 데이터로 입력된다.

② 도식 기반 판단에서, 상상력의 작용 중 종합으로, 꽃의 특성인 꽃잎 길이(x)와 너비(y)를 모은다. 기계학습에서, 꽃잎 길이(x)와 너비(y)에 변수를 곱해서 더한다.

③ 도식 기반 판단에서, 시행착오와 숙달을 통해, 꽃이 A인지 B인지를 판별하는 도식을 만들어낸다. 기계학습에서, 모델 학습을 통해, 꽃이 A인지 B인지 판별하는 문제해결 방법인 $3x-4y=3$을 찾아낸다.

④ 도식 기반 판단에서, 판단력의 작용으로, 꽃이 어떤 개념에 해당하는지, 즉 A 꽃인지 B 꽃인지에 대해 도식을 활용해 판단한다. 기계학습에서, 문제해결 방법인 $3x-4y=3$을 활용해 A인지, B인지 판별한다.

간단히 말해 사람은 상상력의 종합과 판단을 통한 숙달로 문제해결에 적합한 도식을 찾아낸다. 기계학습도 데이터 특성의 취합, 가중치 조정을 통한 학습으로 문제해결 방법을 찾아낸다.

도식 기반 판단과 기계학습 비교

도식 기반 판단	기계학습
꽃(A, B) 지각	꽃(A, B) 데이터 입력
꽃의 특성인 길이(x), 너비(y)를 종합 → 꽃 판별 도식 형성	학습을 통해 판별식 $3x$-$4y$=3 찾음
도식을 활용해 어떤 꽃인지 판별	판별식을 활용해 어떤 꽃인지 판별

둘째, 문제해결 방법을 설명 못 할 수도 있다는 점에서 공통점이 있다.

사람들은 꽃을 보고 어떤 꽃에 해당하는지 쉽게 판별할 수 있지만, 그 꽃이 A에 해당하는 근거를 설명하라고 하면 쉽지 않다. 시행착오를 거쳐 A 꽃에 대한 도식이 형성되고, 그 도식에 따라 A 꽃인지 아닌지를 판별하지만, 그 도식이 무엇인지 말로 설명하기는 쉽지 않다.

앞서 든 퍼셉트론의 예는 특성이 x, y 두 가지밖에 없어 문제해결 방법이 $3x-4y=3$이라고 확정을 할 수 있었다. 그러나 딥러닝처럼 알고리즘이 복잡해지고, 변수의 개수가 많아지면 학습을 통해 어떤 문제해결 방법을 만들어냈는지 설명할 수 없는 경우가 많다. 사람이 이유를 댈 수 없어도 도식에 따라 꽃을 잘 판별하듯이, 기계학습에서 학습을 통해 만들어진 문제해결 방법인 꽃 판별함수가 어떤 것인지 설명할 수 없어도 효과적으로 작동한다.

셋째, 100% 정답이 아닐 수 있다는 점에서 공통점이 있다.

2015년 개최된 '사물 이미지 식별 대회'(ILSVRC)에서 사람은 개, 고양이, 자동차 등 5만 장의 사진에서 5.1% 오류율로 이미지를 식별했고, 딥러닝 모델은 이보다 낮은 3.57%의 오류율을 기록함으로써 사람의 능력을 능가했다고 한다. 사람이든 컴퓨터든 100% 정답이 아닌 것은 마찬가지다.

05

역동적인 감성과 지성의 일치 과정

1. 감성과 지성의 일치 과정

저자는 도식 기반 판단에서 다음과 같은 과정을 거쳐 감성과 지성의 일치가 이루어진다고 본다. 『상상력은 뒤죽박죽 얽혀 있는 자료들(직관)의 특성을 뽑아내어 재구성하고, 지성은 그 재구성(종합)의 과정에서 공통으로 적용될 수 있는 규칙, 즉 개념을 만든다. 지성에 의해 개념이 정립되면, 판단력은 직관이 개념에 부합되는지를 판단한다. 이 판단에서 도식이 활용된다. 도식은 고정된 형체로 나타나지 않고, 판단의 과정에서 유동적으로 변한다. 판단력과 상상력은 상호작용하며 개념의 규정에 맞도록 도식을 조정한다.』

기계학습과 도식 기반 판단을 비교할 때, ① 데이터의 특성을 모으는 것은 종합, ② 문제풀이 방식을 찾아가는 것은 도식화, ③ 학습은 판단의 반복에 대응한다. 이처럼 세 부분으로 나눠 기계학습과의 비교를 통해 감성과 지성의 동적인 일치 과정을 살펴보기로 한다.

2. 종합과 변수 조정

장미꽃을 그릴 때 다른 꽃과 차별되는 중요한 특성들을 잘 살려서 그리면 그 그림을 보고 장미라고 쉽게 알아볼 수 있다. 다시 말해 장미꽃들을 세밀하게 관찰해서 장미들의 공통적이고 전형적인 특성, 다른 꽃들과 구별되는 특이점을 찾아내야 장미꽃을 잘 판별할 수 있다. 상상력의 종합은 중요한 특성은 크게 반영되도록, 중요하지 않은 특성은 낮게 반영되도록 특성을 조합하는 것이다.

범주의 도식 중 외연량은 공간에서 차지하는 크기 및 모양에 적용되는 도식이다. 꽃잎의 모양과 크기, 가시의 형태 등은 외연량으로서 수량화할 수 있다. 내포량은 온도, 음량, 색조, 무게 등 감각기관에 미치는 영향의 정도다. 꽃잎의 색깔, 농도 등도 내포량으로서 수량화할 수 있다. 장미꽃을 판별할 때 마음속에서는 우리도 모르게 상상력이 지성의 "범주에 따라" 특성을 종합해서 도식을 그리는 것이 반복되고 있다.

기계학습에서 하는 변수 조정도 특성이 잘 파악되는 변수의 반영 비율을 높이는 것이라고 할 수 있다. 장미꽃 식별에서 여러 가지 요소 중 꽃잎의 끝부분 모양이 가장 중요한 특징이라고 할 때, 끝부분 모양에 곱해지는 변수(가중치)가 판별식 산출에 있어 큰 영향을 미친다. 중요한 특성에 연결된 가중치일수록 오차(실제값과 예측값)에 미치는 영향이 크다.

3. 숨은 규칙성과 패턴

장미꽃 식별도 결국은 개별적인 형상에 공통점과 규칙성을 부여하는 지성의 작용이다. 상상력이 종합한 자료들은 통합되지 않으면 단편적인 조각들에 불과하다. 상상력에 의해 합쳐진 형상의 조각들에서 도식을 뽑을 수 있으려면 이 조각들이 체계적으로 통합되어야 한다. 즉 도식을 찾아내는 배후에는 지성의 통합작용이 숨어 있다. 상상력이 도식을 만들지만, 그 통합의 힘은 지성한테서 나온다. 상상력이 어떤 대상의 크기 등을 측정하고 그 반영 비율을 조정하는 배후에는 지성의 규칙성, 즉 범주가 숨어 있다. 직관과 개념의 연결고리인 도식은 숨은 규칙성이다.

컴퓨터 프로그래밍은 지성의 논리성, 규칙성을 정보처리로 정량화할 수 있는 길을 열었다. 언어와 논리로 차근차근 알고리즘을 짜는 규칙 기반 프로그래밍 방식으로는 사람의 장미꽃 판별 지능을 따라가기 쉽지 않았다. 사람의 규칙 기반 판단에서는 지성의 규칙이 명시적으로 드러나지만, 장미꽃 판별 같은 도식 기반 판단에서는 그 규칙이 숨어 있기 때문이다.

프로그래밍의 방식이 유연해져야 사람의 도식 기반 판단을 따라잡을 수 있다. 숨은 규칙성을 찾아내야 하기 때문이다. 사람의 장미꽃 판별 학습과 판단 과정에서 도식의 모습이 계속 바뀌듯이, 판별 알고리즘도 고정되어서는 안 된다. 즉 학습 과정과 연계된 유동적인 알고리즘을 짜야 한다. 기계학습이 발달하면서, 그동안 컴퓨터로 잘 풀지 못했던 도식 기반 판단의 문제도 해결할 수 있는 길이 열리게 되었다. 도식의 배후에는 지성의 규칙 작용이 숨어 있고, 기계학습은 이러한 지성의 숨은 규칙성, 곧 “패턴”을 포착할 수 있기 때문이다.

4. 학습과 판단

감성과 지성 사이 들어맞음(matching)의 마지막 퍼즐을 맞추는 것은 감성, 상상력, 지성과 구별되는 독자적인 인식능력인 판단력이다. 상상력이 감성과 지성을 매개하지만, 직관의 다양에 들어맞는 개념을 사용하도록 하는 일은 판단력에서 완성된다. 각각의 꽃 형상이 장미꽃의 개념에 대응하는 도식에 들어맞는지를 판별할 때는, 딱 맞는 규정을 단번에 적용하는 방식으로 감성과 지성의 일치가 이루어지지 않는다. 상상력과 판단력에 의해 종합과 도식화를 반복해 가며 학습함으로써 정답률을 높여가는 방식으로 이루어진다.

지성으로 규칙을 이해했다고 하더라도, 판단력이 부족하거나 훈련이나 실무를 통해 충분히 숙달되어 있지 않으면 규칙을 구체적인 사례에 적용할 때 잘못을 범하기 쉽다. 다시 말해 판단을 잘하기 위해서는 먼저 개념을 잘 이해해야 한다. 그다음 다양한 사례에 부딪혀 가며 판단을 많이 해봐야지만 사례에 들어맞는 규칙을 적용할 수 있고, 응용력도 늘게 된다. 학습이 잘 되어 그 꽃에 해당하는 도식이 머릿속에 잘 그려져 있으면, 어떤 꽃에 해당하는지를 쉽고 정확하게 판별할 수 있다. 개념의 핵심적인 내용을 정확하고 간략하게 요약할 줄 아는 사람이 통상 복잡한 사례의 판단도 잘한다. 어렵고 복잡한 문제일수록 효율적으로 도식화를 잘해야 문제를 풀 수 있는 것이다.

판단력이 상상력을 매개로 감성과 지성의 일치시키는 과정을 다음과 같이 요약할 수 있다. 『감성과 지성의 일치는 판단을 통해 이루어진다. 개념에 대응하는 도식을 만들어 이 도식을 개별적인 현상의 내용물에 적용한다. 시행착오와 학습, 숙달과 연마를 밟으면서 도식을 수정해 가는 과정을 통해 판단력의 정확도가 높아짐으로써 감성과 지성의 일치가 이루어진다.』

도식 기반 판단과 기계학습에서 찾아낸 답은 100% 정답이라고 보장되지 않는다. 기계학습은 점진적 학습을 통해 정답률을 높여가며 학습한 함수가 틀린 답을 낼 확률을 수학적으로 분석하여 원하는 수준에서 관리한다. 사람의 인식에서도 감성과 지성의 완벽한 일치를 목표로 하지 않으면 풀 수 있는 문제가 훨씬 많아진다. 학습을 통해 오답률을 줄여나가는 방식으로 '판단력을 강화'한다. 틀린 판단을 내릴 확률을 산정해 원하는 수준에서 '도식의 정확도를 관리'하면 된다. 판단력의 품질은 타고난 재능과 숙달의 정도에 의해 결정된다. 성능 좋은 알고리즘과 학습에 필요한 많은 양의 데이터 확보와 충분한 학습 시간 할애가 기계학습의 성공을 좌우하듯이.

5. 감성과 지성의 일치 수수께끼

사람이 만들어낸 도식이 무엇인지 설명하기 어려울 때도 있듯이,

기계학습 과정에서 찾아낸 문제풀이 방법이 어떤 것인지 알기 어려운 경우도 많다. 그것은 수학 방정식(equational)으로 찾는 것이 아니라, "통계와 확률" 등의 수학을 활용하되, 기계적 계산(computational, 프로그래밍)의 방식으로 찾는 것이기 때문이다.

저자는 『기계학습이 통계와 확률, 기계적 계산을 활용해 사람의 도식 기반 판단에 대응하는 문제풀이 방식을 찾아냄으로써, 상상력의 마음속 깊이 숨겨진 기술과 판단력의 천부적 재능이 수학적으로 객관화될 수도 있다는 것을 증명했다.』라고 생각한다.

칸트는 감각 자료를 종합해 도식화하는 상상력을 마음속 깊이 숨겨진 기량이라고 하고, 개념을 감각 자료에 적용하는 판단력을 타고난 재능이라고 했다.

저자는 상상력의 숨겨진 기량이 "통계"로 정량화될 수 있다고 생각한다. 장미꽃 판별 문제를 풀 때 아이의 마음속에서는 수많은 관찰에 기반을 둔 장미꽃의 특색에 대한 통계적 정보가 쌓이고, 그에 관한 통계적 분석이 세밀하게 진행되고 있다. 꽃과 가시의 모양, 크기, 색깔 등 각각의 특색에서 평균치를 찾아서 일반화하고 객관화한 '판별 공식'이 도식이다. 수많은 관찰에 기반을 둔 통계적 분석 정보가 도식이다.

판단력의 천부적 재능과 시행착오를 통한 숙달도 "확률"로 정량화될 수 있다고 생각한다. 판단력은 마음속에서 판단의 정확도를 확률로 계산한다. 여러 선택지에서 적중 확률이 높은 쪽을 선택한다. 반복 학습과 과오 시정을 통해 통계적 정보가 축적되어 적중률이 높은 판단을 하게 된다.

도식에 기반을 둔 판단에서 지성의 규칙성은 명시적으로 드러나지 않고 숨어 있다. 지성의 규칙성은 상상력의 숨겨진 기량과 판단력의 천부적 재능 뒤에 숨어서 작용한다. 수학 방정식은 규칙을 명시적으로 드러내지만, 기계학습의 통계와 확률, 기계적 계산은 규칙을 암시적으로 드러낸다.

Chapter 03

미적 생동감

01
개념을 초월하는 이념

1. 지성과 이성의 구분

저자가 연꽃과 수련은 다른 개념에 속한다는 것을 알게 된 후로는, 연꽃과 수련에 각각 들어맞는 도식이 형성되어서 이제는 물 위에 핀 꽃을 볼 때 연꽃과 수련을 구별할 줄 안다. 두 꽃이 형상적, 유전적, 생태학적으로 전혀 다른 종의 꽃임을 알게 된 이후 두 꽃에 대한 지식이 더 풍부해졌다.

칸트에 따르면, 우리는 시공간이라는 감성의 형식에 맞추어 수련의 겉모습 등 감각 자료를 모으고 범주라는 지성의 형식에 맞추어 수련이라는 개념을 만든다. 인류는 태어날 때부터 공통으로 가지고 있는 시공간과 범주라는 인식의 조건에 따라서 사물을 인식한다. 개, 까마귀 등 영리한 동물들은 수련의 형상을 지각하고 기억할 수 있으나, 개념적 인식을 할 수는 없다. 이 동물들이 어떤 형식에 맞추어 1차 표상을 처리하는지는 명확하지 않다. 시공간의 형식이 아닌 다른 지각의 형식으로 경험을 축적하는 생명체도 많을 것이다. 현재의 컴퓨터 시스템은 0과 1로 환원되는 디지털 데이터와 알고리즘이라는 한정된 조건에 맞추어 데이터를 처리할 수 있을 뿐이다.

따라서 수련이라는 사물 본래의 모습, 곧 물자체가 상정될 수는 있겠지만, 사람을 포함한 지능을 가진 생명체들과 AI는 각자의 인식의 조건에 따라서만 경험적 인식을 한다.

칸트는 직관을 모아 개념을 만드는 인식능력을 "지성"이라고 하고, 지성이 만든 단편적인 개념들을 모아 체계적이고 통일적인 지식 체계를 만드는 능력을 "이성"이라고 한다. 예를 들어, 이성을 통해 사람이라는 개념을 사피엔스(sapiens)라는 종, 사람속, 사람과, 영장목으로 체계화한다. 자유 낙하와 달의 공전을 만유인력의 법칙이라는 공통된 원리로 설명하는 것도 이성이 하는 일이다. 지성이 감각기관으로 지각한 자료들을 모아 개념이라는 규칙을 만드는 능력이라면, 이성은 이러한 지성의 규칙들을 원리 아래로 통일하는 능력이다. 일상적으로는 지성과 이성이 명확히 구분되어 사용되지 않지만, 칸트는 지성과 이성을 이처럼 구분한다.

2. 이성의 지향점인 이념

지혜에 대한 사랑은 감각적 경험과 기술 지식의 너머에 있는 것을 향한다. 이것이 아리스토텔레스가 말한 지능 발전의 다섯 번째 단계인 "지혜의 영역"이다. 네 번째 단계까지는 1차 표상을 개념으로 일반화했지만, 다섯 번째 단계에서는 개념을 넘어 이념으로 향한다.

플라톤은 동굴의 비유를 통해, 사람이 감각기관으로 지각한 것은 끊임없이 모습을 바꾸는 사물의 그림자에 불과하고, 변하지 않고 완벽한 사물의 참된 모습은 동굴 밖으로 나가봐야 볼 수 있다고 했다. 플라톤은 "이성적 사유"를 통해 감각 세계를 초월하여 참된 앎과 지혜의 세계인 "이데아"에 접근할 수 있다고 봤다.

감각적 경험의 너머에 있는 초월적 세계를 바라보는 칸트의 관점은 플라톤의 이데아와 조금 다르다. 뉴턴이 만유인력의 법칙을 찾아냈지만 물리 현상의 일부만을 설명하는 모델에 불과하다. 이성은 갈 수 있는 데까지 최대한 지식을 통일해 일반적인 원리나 법칙에 접근하려 한다. 칸트가 말하는 "이념"이란, 이성에 의해 형성되는 개념이다. 직관과 개념이라는 경험의 한계에 제약되지 않고 최대한의 통일성을 추구하는 보편적이고 무제약적인 개념이다. 칸트는 이성이 최대한의 통일성을 추구하면 "3가지 이념"에 귀착한다고 봤다. 그 세 가지는 '영혼이 불멸하는지, 세계가 어떻게 만들어졌는지, 신이 존재하는지'이다. 이성은 개념적 인식을 하나의 전체로 통합함으로써 최종적으로 영혼 불멸, 신 등의 '무제약자'에 도달하기를 갈망한다.

칸트는 영혼 불멸, 신 등 무제약자의 존재를 경험적으로 증명할 수 없고 그것이 무엇인지 답할 수도 없다고 본다. 즉 감각적 지각과 이에 기반한 개념적 인식이라는 접근 방식으로는 그 존재를 알 수 없다는 것이다. 하지만 칸트는 이념에 접근하는 "다른 통로들"을 열어둔다. 그중 하나가 아름다움이다.

개념과 이념의 차이는 아름다움의 차원에서 선명하게 드러난다. 아름다움의 이념을 먼저 살펴보고, 그다음 이념 일반에 대해 알아보기로 한다. 아름다움은 개념이라는 것에 묻히지 않고 "개별적인 것의 진실로 접근"하는 통로다.

3. 차이와 반복

저자가 연꽃과 수련의 개념적 차이를 모를 때는 두 꽃이 같은 종류의 꽃인 줄 알았다. 그런데 호수공원에 핀 수련과 용산 가족공원에 핀 수련은 어떠한가? 어떤 사물을 개념적 동일성의 관점에서 바라볼 때 1차 표상(감각적 지각)의 차이는 없어지고, 2차 표상(개념)의 동일성만 남는다. 머릿속에 같은 도식만 남기 때문이다. 도식에 따라 대상들을 판단하면 다른 개체와의 차이가 버려지고 공통점이라는 동일성, 유사성만 남긴다. 개념으로 사물을 파악하면 개체가 가지는 차이, 즉 그 어떤 것과도 비교될 수 없는 그 자체가 갖는 고유한 개체성을 놓치게 된다.

하지만 호수공원에 핀 수련과 용산 가족공원에 핀 수련은 다른 개체이고, 각각의 개체가 주는 아름다움의 느낌은 다르다. 지금 내가 바라보고 있는 호수공원에 핀 수련은 다른 모든 것과 구별되는 고유함의 지니고 있다. 그 자체로 온전하게 피어 있는 모습에서 아름다움을 느낄 수 있다. 과학의 언어는 머릿속에서 도식을 만들어 사물을 일반성과 특수성의 관점에서 바라보게 한다. 반면에 서정적 언어는 마음속에서 이미지를, 즉 심상(心象)을 만들어 사물의 유일무이한 고유성을 포착함으로써 아름다움이라는 보편성을 느끼도록 한다.

개념적 관점에서 사물을 바라보면 차이는 연꽃과 수련이라는 종류별 특수성으로 파악되고, 주말마다 호수공원에 가서 수련을 보더라도 같은 종류의 꽃을 반복해 봤다는 일반성으로 파악된다. 하지만 수련을 반복해서 보더라도 그 속에서 일어나는 미묘한 변화를 감지하고 느끼게 되면, 차이는 특수성이 아닌 "독특성"으로 파악되고, 반복은 동일성이 아닌 "보편성"으로 파악된다. 다시 말해, 수련의 차이와 각각이 가지는 특유한 아름다움은 개념이 아닌 이념으로 보편화될 수 있다. 이때 떠오르는 이념은 아름다움을 상기한다는 점에서 "미감적 이념"이라고 이름 붙일 수 있다. 호수공원에 핀 수련과 용산가족공원에 핀 수련의 차이를 바라볼 마음의 여유가 없으면 직관적 표상 앞에 나타나는 현재의 활력을 느끼지 못하고 개념적 표상이 가져오는 과거에 대한 후회와 미래에 대한 근심 걱정거리로 마음이 고통을 받기 쉽다.

프랑스의 인상파 화가 모네(Claude Monet)는 수련 그리기를 좋아했다. 수련을 반복적으로 그렸지만 같은 수련은 없다. 모네의 첫 번째 수련이 그 뒤에 이어지는 다른 수련들을 반복한다. 되돌아오지만 같은 자리가 아니다. 반복될수록 깊어지는 반복이다.

잠시 눈을 감고 고요한 내면을 들여다보자. 어둡고 잠잠한 연못의 수면을 덮고 있는 이파리들의 출렁임 위에서 수련들은 흩어지며 밤하늘의 별빛처럼 반짝거린다. 시간은 리듬으로 느껴지고, 감각들 사이를 오가는 공통감각은 깊은 잠에서 깨어나 생기를 얻고 빛을 내기 시작한다. 심상은 무한 반복 속에 잠재해 있다가 이미지들의 차이로 그 모습을 드러낸다.

연꽃과 수련

02
감각을 초월하는 아름다움의 느낌

1. 판단의 구분

어떤 꽃을 보고, '이 꽃은 빨갛다'라고 하면 인식판단이다. '이 꽃의 향기가 좋다'라고 하면 감관판단이다. '이 꽃이 아름답다'라고 하면 미감적 판단이다. '이 꽃은 빨갛다'는 객체의 상태에 근거한 객관적 인식판단이므로 정답이 있을 수 있다. 그런데 '이 꽃의 향기가 좋다' 또는 '이 꽃이 아름답다'는 주체의 감정 또는 느낌에 근거한 주관적 판단인데, 정답이 있을 수 있을까?

사람 마음의 능력은 앎, 욕망, 감정(느낌)의 세 가지로 환원될 수 있다. 앎의 능력에 의해 인식판단을, 욕망의 능력에 의해 실천판단을, 감정의 능력에 의해 감성적 판단을 한다. 감성적 판단은 감관판단과 미감적 판단으로 나눌 수 있다. 미감적 판단은 아름다움과 숭고로 나누어진다. 아름다움을 느끼는 사람의 능력을 "취미"(趣味)라고 한다. 취미는 한자 뜻 그대로, 멋과 맛을 감식하는 능력이다. '어떤 대상이 아름답다'라고 판정하는 행위가 바로 취미판단이다.

칸트의 답은 "감성적 판단 중 감관판단은 정답이 없지만, 미감적 판단은 정답(보편성)이 있다."라는 것이다. 물론 미감적 판단의 정답은 인식판단의 정답과 다른 방식으로 탐색 된다. 인식판단에서는 개념을 전제하지만, 미감적 판단에서는 개념을 전제하지 않는다. 미감적 판단에서는 특수한 것만 주어져 있어 그에 관한 판단을 내리기 위해서 보편적인 것을 발견해야 한다(반성적 판단). 그리고 이 보편적인 것은 지성의 개념이 아니라서 규정될 수 없고 증명될 수도 없다.

판단의 구분

<table>
<tr><td colspan="4"></td><td>정답 여부</td><td>주된 능력</td></tr>
<tr><td>앎</td><td colspan="3">인식판단</td><td>○</td><td>지성</td></tr>
<tr><td>욕망</td><td colspan="3">실천판단</td><td>○</td><td>이성</td></tr>
<tr><td rowspan="3">느낌</td><td rowspan="3">감성적 판단</td><td>감관판단</td><td></td><td>X</td><td>감성</td></tr>
<tr><td rowspan="2">미감적 판단</td><td>취미</td><td rowspan="2">△</td><td rowspan="2">상상력</td></tr>
<tr><td>숭고</td></tr>
</table>

2. 즐거움을 유발하는 세 가지

카페에 들어가 앉아 탁자 위에 놓은 꽃을 보게 되었을 때, 사람들의 반응은 다양하다. 어떤 사람은 그 꽃의 이름을 꼭 알아내야 직성이 풀린다. 어떤 사람은 꽃 이름을 아는 것보다는 그 꽃으로부터 아름다움의 느낌을 받는 것이 더 중요하다고 한다. 꽃을 보았을 때, 다시 말해 대상에 대한 지각(perception)으로 얻은 감각적 정보인 1차 표상이 주어졌을 때, 장미꽃이라고 알아보면 인식판단이고, 아름다움의 느낌을 받으면 취미판단이다.

장미꽃을 보고 아름답다고 말하는 것, 즉 취미판단을 하는 것과 별개로 장미꽃의 모양이나 장미꽃의 향기는 그 자체로 즐거움을 유발한다. 이때 느끼는 즐거움은 감관판단에서 온다. 색채, 소리, 맛, 냄새, 감촉 등 감각기관의 자극을 통해 전달되는 쾌감은 아름다움의 쾌감보다 직접적이다. 꽃향기가 유발하는 감각적 자극은 곧바로 뇌로 전달된다.

취미판단과 감관판단은 섞여 있는 경우가 많고 그 차이를 구분하기도 쉽지 않다. 동네 맛집을 찾아가 맛보는 한끼 요리가 선물하는 미각적 쾌감은 크다. 와인 취향도 사람마다 제각각이다. 와인 맛, 향기, 색깔 중 어떤 감각적 자극에 더 끌리는지는 사람들의 성향에 따라 달라진다. 정돈된 도시 속에서도 자연의 초록색이 주는 시각적 쾌감과 자연의 아름다움을 느낄 수 있는 서울 성곽길이나 청계천을 걸으면 기분이 좋아진다. 사무실에 앉아 답답해지더라도 부산 해운대로 나가 푸른 수평선을 보며 파도 소리를 듣거나 해운대 장산 숲길을 산책하며 계곡물 소리를 들으면 기분이 풀린다. 어떤 사람들은 시골의 조용함과 지루함을 견디지 못하고 큰 도시의 쇼핑센터로 가야 스트레스가 풀린다.

인식의 차원에서 동물들은 직접적인 1차 표상에 머물러 있고,

간접적인 2차 표상인 개념에는 도달하지 못했다. 느낌의 차원에서도 동물들은 직접적, 1차적 쾌락에 머물러 있다. 감성에 의해 가공 없이 전달되는 느낌이 "1차적 감각"이라고 하면, 아름다움의 느낌은 상상력에 의해 가공된 느낌인 "2차적 감각"이다. 감각기관을 가진 동물들도 단순히 생존 욕구에 따라서만 살아가는 것이 아니라 감각적 쾌락을 즐기며 이를 추구한다. 하지만 동물들은 아름다움을 느끼고 즐기지는 못한다.

장미꽃인지를 판별할 때는 객관적인 정답이 있다. 어떤 꽃인지에 대해 서로 의견이 다르더라도 리서치를 해보면 누구 말이 맞는지 결론을 내릴 수 있다. 그런데 장미꽃이 아름답다고 할 때도 정답이 있을까? 어떤 친구가 장미꽃이 아름답다고 할 때 대부분의 사람은 이의를 제기하지 않을 것이다. 그렇지만 다른 친구가 아름다운지 모르겠다고 하더라도 그 사람의 기분이 안 좋거나 정서가 메말랐다고 생각할 뿐이지 틀렸다고는 하지 않는다. 대체로 장미꽃을 보면 아름답다고 느끼므로 정답은 아닐지라도 공감은 있다.

인식의 차원에서 1차 표상이 논리적, 규칙적 개념으로 추상화되지 않으면 객관성과 보편성을 얻지 못한다. 느낌의 차원에서도 비슷한 일이 일어난다. 어떤 색상, 음색, 향기가 감각적인 즐거움을 주는지는 각자의 취향에 따라 호불호가 나뉠 수 있다고 여겨진다. 취향에 대해서는 무엇이 더 나은 것인지 논쟁하지 않는다. 하지만 아름다움의 느낌은 각자의 성향이나 개별적 선호와는 다른 양상을 띠며 보편적 판단의 단계까지 오른다. 아름다움의 느낌은 피상적인 감각적 쾌락, 기교를 넘어서, 감각들의 원초적인 통일성과 보편적 이념을 담고 있다.

한편, ① 1차적인 감각적 취향, ② 2차적인 취미판단 외에도 즐거움을 불러일으키는 것이 있다. 그것은 ③ "좋다, 이롭다, 바람직하다"는 것에서 오는 감정이다. 우리가 음식을 고를 때 맛이 좋은지 여부 말고도 건강에 이로운지 여부도 고려한다. 음식은 '맛있다'는 미각적 쾌감뿐만 아니라 '몸에 좋다'는 평가를 통해서도 기분을 좋게 한다. 몸이 아프면 입에 쓴 약이라도 챙겨 먹는다. 건강은 좋음이라는 행복의 한 요소이고, 행복이라는 목적 달성은 쾌감을 일으킨다.

칸트는 사람의 마음을 움직이는 욕구를 두 가지로 구분한다. 하나는 "경향성"(inclination)이고 다른 하나는 "의지"다. 경향성은 쾌락이라는 감각적이고 생리적 효과를 뒤따라간다는 점에서 수동적인 욕구이다. 의지는 '좋음', '바람직함' 등의 목표를 추구한다는 점에서 능동적인 욕구이다. 경향성, 곧 감각적 욕구와 의지, 곧 이성적 욕구는 일상적인 상황에서 뒤섞여 있다. 생리적 자극에 이끌리는 즐거움은 감각적 만족이다. 좋음이라는 목표 성취를 통해 얻는 즐거움은 개념적 만족이다.

3. 물질적, 감각적 쾌감을 초월하는 취미판단

그다음 드는 의문은 장미꽃의 형상에서 아름다움의 느낌이 오는지, 아니면 그 형상과 상관없이 아름다움의 느낌이 오는지 여부이다. 장미꽃의 형상에서는 장미꽃이라는 특정된 개념이 들어맞는다. 하지만 아무리 생각해 봐도 장미꽃의 형상 자체와 매칭되는 특정한 아름다움의 느낌은 찾을 수가 없다. 즉 취미판단은 객체 속의 그 어떤 성질도 나타내지 않는다. 마음속에 있던 아름다움의 느낌이 장미꽃의 형상에서 촉발될 뿐이다. 취미판단에서는 1차 표상이 주관적 감정과 연관을 맺는다. 인식판단은 주관적인 느낌과 상관없이 객관화되지만, 취미판단은 객관적인 사물의 형태나 성질과 별개의 주관적인 요소가 판단을 결정짓는다고 할 것이다.

다시 말해 장미꽃의 형상 그 자체로부터 아름다움의 느낌이 나오는 것은 아니다. 아름다움의 느낌은 어떤 형상과 매칭되어 규정될 수 없다. 취미판단은 자기 자신 속에 있는 특유의 감정(feeling)을 느끼는 것이다. 아름다움의 감정이 일깨워지면 기분이 좋아지고 감정이 조화를 이루어 안정된다. 이런 감정은 밖에서 주어지는 것이 아니라 내가 안에서 만들어 낸 것이다. 다만 장미꽃을 "직접 보았을 때" 내 마음속에 있던 아름다움의 느낌이 일깨워지는 것이므로, 장미꽃이 지닌 객관적 속성, 즉 장미꽃의 형상과 색깔의 영향도 분명히 있다. 그러니까 장미꽃이라는 아름다움의 대상이 나의 마음과 어느 정도 조율되어 있을 가능성이 있다. "이왕이면 다홍치마"라고 했듯이 아무것이나 보고 아름답다고 느끼지는 않는다. 아름다움의 차이는 가격으로 매겨지기도 한다.

취미판단과 달리 감관판단은 물질의 형상과 성질에 직접적인 영향을 받는다. 감각적 자극이 어느 정도의 만족감을 유발하는지, 그 생리적 효과가 어떤 수단을 통해 얻어졌는지에 주목한다. 어떤 맛이 사람들의 취향에 맞는지, 그 맛은 어떻게 내는지는 경험적이고 과학적인 접근도 가능하다.

하지만 취미판단 대상의 속성과 성질을 아무리 분석하더라도 아름다움의 본질을 찾아낼 수는 없다. 취미판단의 경우 이에 적합한 종류의 1차 표상이 무엇인지 객관적으로, 즉 개념에 근거해서 규정할 수 없다. 만약 그것이 가능하다면 인식판단과 취미판단은 구별되지 않게 된다. 이 점은 뒤에서 살펴볼 AI가 취미판단도 따라올 수 있는지와 관련해서 중요하다. 장미꽃의 모습이 아름다움의 느낌에 영향을 줄 수 있는 단계까지는 AI도 감지할 가능성이 높다. 감정도 인지적인 부분이 있기 때문이다. 그 너머 아름다움의 본질적인 단계까지 기술적으로 접근할 방법이 있는지는 풀기 어려운 수수께끼로 남는다.

03
비움에서 초월로

1. 일체의 관심 없음, 반성적 판단

칸트에 따르면 어떤 대상에 관해 일체의 관심 없이(disinterested) 만족감을 느낄 때 아름답다고 판정한다. 그 대상이 감각적인 즐거움을 주는 것인지, 좋은 것인지, 이로운지, 바람직한지 등 이해타산과 무관하다. 대상이 아름답다는 판정에서 관건이 되는 것은 대상을 관조하며 내 안에서 무관심하게 스스로 만들어내는 것이다.

첫째, 질료적 감각의 즐거움에 관심을 두지 않아야지만(disinterested) 경향성을 극복할 수 있다. 생리적 본능의 지배에서 벗어나야지만 감각이 자유를 얻어 아름다움의 느낌으로 향할 수 있다. 아무리 비싸고 맛있는 음식이라도 자꾸 먹으면 싫증난다. 감각적 쾌락은 더 강렬하고 자극적인 만족을 뒤쫓아 간다. 반면 외부적 자극과 향락의 유혹에 빠져있는 잠에서 깨어나 내면의 자유로 향하게 되면 다른 길이 열린다. 내면의 생명력은 마르지 않고 언제나 출렁거리며

가득 차 있다. 그 즐거움은 외부로부터 구하는 것에서 시선을 돌려 내면을 향할 때 활성화된다. 칸트는 이러한 내적 관조를 "반성"(reflection)이라고 한다. 직접적 자극에서 한 걸음 물러나서 이 자극을 되돌아보면 즐거움에 아름다움이 동반한다.

둘째, 아름다움은 좋은지, 이로운지 등에 관심을 두지 않는다. 특정 이념을 찬양하거나 도덕적 교훈을 전달하기 위한 목적으로 만들어진 예술작품은 재미가 없다. 그러한 작품들은 특정한 목적이나 개념을 내세우기 때문에 미적인 감각이 활성화되기 어렵다. 좋음, 바람직함 등에 들어있는 만족은 개념에 의존한다. 하지만 아름다움에 들어있는 만족은 개념에 무관심해야 활력을 찾을 수 있다. 아름다움의 가치는 행복에 도움을 주는지, 도덕적으로 올바른지 등의 잣대로 평가할 수는 없다. 인식판단과 실천판단은 개념을 전제하지만, 취미판단은 개념을 전제하지 않는다. 취미판단에서는 개념이 적용되지 않으므로, 어떤 것을 아름답다고 인정하도록 강요하는 규칙은 없다. 취미판단에서는 특수한 것만 주어져 있어 그에 관한 판단을 내리기 위해서 보편적인 것을 발견해야 한다. 그리고 이 보편적인 것은 지성의 개념이 아니라서 규정될 수 없고 증명될 수도 없다. 심미적 반성은 좋음, 바람직함 등의 개념적 잣대로 잴 수 없다.

칸트에 따르면 아름다움은 "동물적이면서도 이성적인" 사람에게만 적용된다. 미감적 반성은 대상에 대한 일체의 관심을 배제하고 온전히 그 자체로 불러일으켜지는 자신의 마음 상태를 내적으로 살피는 것이다. 심미적 만족은 본능적 자극이나 매력에 관심을 두지 않는다는 점에서 동물적이지 않다. 또한 심미적 만족은 특정 개념에 얽매이지 않는다는 점, 감각기관으로 포착한 것에서 즐거움을 관조한다는 점에서 전적으로 이성적이지도 않다.

2. 지성 우위의 인식판단, 상상력 우위의 취미판단

아름다움의 본질은 마음속에 숨어 있다. 그것에 접근하는 사람 마음의 능력이 상상력이다. 취미판단에서 상상력은 지성의 속박에서 벗어나 자유를 얻어 인식판단의 한계 너머로 나아간다.

장미꽃 식별이라는 인식판단에서 상상력은 꽃잎의 모양, 크기, 가시의 형태 등 여러 가지 특성을 종합해서 판별 도식을 만들지만, 이 도식은 지성이 부여하는 법칙인 개념에 따른다. 그 결과 상상력은 지성의 법칙성에 종속된다. 원형, 정사각형 등 정형화된 도형, 네모반듯하고 견고한 빌딩 등을 보고 미감적 만족을 느끼기는 어렵다. 개념이 지정하는 규칙이나 특정한 의도에 상상력이 속박되면 미적 감각은 무미건조해지고, 지루함과 싫증을 유발한다.

반면에 취미판단에서 상상력은 규칙의 강제에 휘둘리지 않고 자유롭게 유희한다. 상상력이 자유를 얻을 때 규칙의 강제력 속에 간과되었던 감각의 즐거움과 미감적 만족을 되살릴 기회가 주어진다.

그러면 상상력이 지성의 규칙에서 벗어나기만 하면 미적 즐거움을 얻을 수 있을까? 상상력이 법칙에 제어되지 않은 채 제한 없는 자유를 누릴 때 미적 만족감도 그에 비례해서 상승할까? 취미판단에서 지성은 일손을 놓고 가만히 있을까? 그렇지는 않다. 아름다움의 느낌은 공감된다는 점에서 보편성도 있기 때문이다. 이러한 보편타당성은 상상력만으로는 도달할 수 없다. 상상력은 스스로 법칙을 부여할 능력이 없기 때문이다. 통제받지 않는 상상의 날개가 맹목적인 카오스의 어둠을 뚫고 나오는 데는 지성의 도움이 필요하다.

마음 안에서 무언가가 느껴지지만 이 느낌은 음악, 그림, 시 등을 통해서 표현되어야만 의미가 있다. 미묘한 감정 상태가 밖으로 표현된다는 것은 인식과 연관될 수밖에 없다. 또한 취미판단도 어찌 됐든 "판단"이기 때문에 보편성, 추상성의 능력인 지성의 역할이 필요하다. 다만 취미판단에서 지성은 인식판단 때와 다르게 작용한다. 인식판단처럼 상상력이 지성의 법칙에 종속되는 것은 아니다. 취미판단에서는 상상력의 자유로운 활동에 지성이 부응함으로써 상상력과 지성이 조화와 일치를 이룬다.

상상력과 지성의 일치는 인식판단에서는 개념을 향하지만, 취미판단에서는 "규정되지 않은 개념"을 향한다. 1차 표상, 즉 지각된 대상들이 특정 개념으로 파악될 때는 그 대상 자체가 가지고 있던 고유한 감각이 버려지고, 다른 대상들과의 비교를 통한 공통성과 규칙만 남겨진다. 상상력이 지성의 규정적 지시를 받지 않고 자유롭게 활동하고, 지성이 규정되지 않은 개념으로 활동하면, 특정 개념으로는 간파되지 않는 1차 표상의 고유한 감각들이 포착된다.

상상력이 자유롭게 활동함으로써 고유한 감각을 포착함과 동시에 지성의 도움으로 이 감각들이 공통감으로 통합될 때, 이념이라는 보편성을 획득할 수 있다. 상상력이 지성을 일깨우고, 지성이 상상력을 자유롭게 함으로써, 상상력은 감각들을 싣고서 이념이라는 보편성으로 다가간다. 그 효과로 즐거움이 생기고, 질료적 감각 경험의 한계를 넘는 보편성을 얻을 수 있다.

3. 형식적 합목적성

자동차의 바퀴는 자동차의 구성 부분이다. 바퀴를 포함한, 본체, 엔진 등 자동차의 여러 구성품은 '달린다'는 목적에 맞추어져 유기적으로 연결되어 작동한다. '달린다'는 목적의 관점에서 바라봐야 자동차의 바퀴라는 물체의 본질을 제대로 파악할 수 있다. 부분과 전체가 유기적으로 결합하여 목적에 적합함을 "합목적성"이라고 한다.

칸트는 장미꽃을 바라보고 아름다움을 느낄 때도 어떤 합목적성이 포착된다고 한다. 자동차의 경우처럼 '달린다'는 특정한 목적을 가지는 것은 아니지만, 어떤 것을 보고 그 속에 담긴 형식적인 조화, 즉 "합목적적 질서"를 관조할 때 아름다움을 느끼게 된다는 것이다. 취미판단에서는 일체의 관심이 없으므로 특정한 목적은 없지만 목적이 아예 없다는 뜻은 아니다. 감성적 직관을 반성적으로 고찰할 때 나타나는 "목적 없는" 합목적성이 있다. 그와 동시에 직관의 대상한테서 받는 직접적인 자극이 아니라 그 속에 깃든 형식이 즐거움을 일으키는 근거가 된다는 점에서 "형식적" 합목적성이 있다.

칸트는 상상력과 지성이 상하 지시 관계에서 벗어나 상호 조화로운 관계를 유지하며 활동하는 것을 "유희"라고 표현한다. 일상생활에서 유희는 어떤 행위를 하면서 그 행위 자체를 놀이로 즐기는 것을 말한다. 예를 들어 어떤 게임을 할 때 그 게임의 승패나 결과에 집착하지 않고 그 게임 자체에 재미를 느끼고 즐기는 것이 "유희"다. 상상력과 지성이 자유롭게 놀이를 즐기며 조화를 이룰 때 우리는 아름다운 것을 음미하면서 머무른다. 이 음미는 자기 자신을 강화하고 재생산하기 시작한다.

쾌락을 가져다주는 감각적 자극은 우리를 빠져들게 하고 삶을 풍요롭게 하지만, 쾌감 자체에 이목이 끌리게 되면 형식적 합목적성을 찾을 수 없다. 일체의 관심을 두지 않는 관조적 태도와 반성적 판단으로, 정념과 의지를 비워 형식만 남길 때 우리 안에서 형식적 합목적성이 발견된다. 이러한 형식적 합목적성을 통해 아름다움의 느낌은 보편화될 수 있다. 어떤 판단의 대상에 물질적이고 감각적인 경험을 보편화하는 형식이 숨어 있다면, 이 형식을 찾아낸 사람들은 그 속에 담긴 즐거움을 공감할 수 있다.

4. 취미판단의 고유한 특성과 그 한계

앞서 살펴보았던 칸트가 파악한 취미판단의 고유한 특성은 다음과 같이 네 가지로 요약된다. ① 생리적 상쾌함 등 감각적 관심에 따른 쾌감이나 좋음, 바람직함 등 이성적 관심에 따른 쾌감과 달리, 일체의 관심이 없을 때 미적 쾌감을 느낄 수 있다. ② 개념에 따른 일반화라는 인식판단과 달리, 취미판단은 개념 없는 보편화이다. ③ 취미판단은 목적 없는 합목적성을 띤다. ④ 감정의 보편적 전달 가능성은 공통감을 전제로 한다.

일체의 관심 없는 만족, 개념 없는 보편성, 목적 없는 합목적성 등 각각이 취미판단의 중요한 특성들이다. 감각적 쾌락에 지나치게 몰입하거나 정해놓은 목적이나 이익에 봉사하게 되면, 마음은 타율적인 외부의 자극이나 성취 욕망으로 향하게 되어 내면의 자유를 찾기 쉽지 않다. 그냥 좋아서 뭔가를 할 때 즐길 수 있다. 그래서 예술작품은 의도적으로 보여서는 안 되고 자연스러워야 한다.

하지만 관심이나 욕망을 없애는 것으로는 충분하지 않다. 취미 자체는 자유로운 상상력과 확장된 지성의 형식적 일치일 뿐이다. 이에 더하여 취미에 생명을 불어넣어야 한다. 칸트는 취미라는 형식적 아름다움에 영혼과 생명력을 불어넣는 것을 "정신"이라고 한다. 어떤 작품은 취미의 관점에서는 흠잡을 데가 없지만 "정신"이 결여될 수 있다. 어떤 음악의 선율은 우아하고 감각적인 즐거움을 주지만 쉽게 싫증이 나고 감동이 별로 없다. 어떤 그림은 기교적으로는 완벽하나 사진 같거나 뭔가를 흉내 낸 것 같다. 우리는 이런 작품을 표현할 때 정신이 결여되어 있다고 한다. 정신을 부여받지 못하면 취미는 활기 없고 생명력이 없는 인공물의 상태에 머무른다.[1)]

정신은 어딘가에 몰입할 때 자신도 모르게 떠오르는 창조성의 원동력이다. 베토벤의 일부 작품들을 듣고 있으면 가끔 "미쳐 있다"는 느낌이 든다. 어떤 영화나 공연이 특별한 감동을 불러일으킬 때

'미쳤다'고 표현하기도 한다. 플라톤도 '일종의 광기 없이는 진정한 시인이 될 수 없다.'[2)]라고 한다.

이 미쳐 있음도 정신의 여러 가지 중 하나일 것이다. 저자는 정신이 미감적 판단의 가장 중요한 특성이라고 생각한다. 미적 대상이 아름다움을 느끼게 할 수 있지만 취미의 본질은 결국 자신 안에서 마주칠 수밖에 없다. 자신 속으로 가장 깊이 들어갔을 때 아름다움의 보편성이라는 숨겨져 있던 세계를 발견하게 된다. 그 살아 있다는 느낌에는 즐거움만 들어있는 것이 아니다. 그 느낌은 우리를 흥분시키고 즐겁게 하지만 마음을 아프게도 하고 감동을 주기도 한다. 모든 감각이 깨어나 살아 움직이고 소통하며 공감을 불러일으킬 때 고유하고 독창적인 초월과 마주치게 된다. 그것이 바로 "정신, 미감적 이념, 또는 공통감각"이다.

미감적 판단에는 '이것은 아름답다'는 취미판단만 있는 것이 아니다. '이것은 숭고하다'는 숭고판단도 있다. 숭고판단은 취미판단과 마찬가지로 주관적 보편타당성에 근거를 두고 있지만 그와 상당히 다른 방식으로 심미적 감동을 가져다준다. 먼저 숭고판단에 대해 알아본 다음, 어떻게 마음속에 있는 미감적 이념이나 공통감각을 스스로 느낄 수 있는지 살펴보자.

감각의 비움과 초월

		비움		초월	
감각	감각적 욕구 이성적 욕구	일체의 관심 없음	개념 없는 보편성 목적 없는 합목적성	마음속의 생동감	공통감각 미감적 이념

04
취미판단과 대비되는 숭고판단

저자는 거제도에 있는 '청마기념관'을 다녀온 적이 있다. 그곳에서 청마 유치환의 생애와 작품 세계를 안내하던 분이 유치환의 대표작 중 하나인 '생명의 서'와 관련된 관람객의 사연을 들려주었다. 그 나이 든 관람객은 군대 생활에서 너무 고통스럽고 힘들었을 때, '생명의 서'가 참고 버티는 힘이 되었다고 하며, 기념관 방문에 감격했다고 한다.

저자는 청마기념관에서 '생명의 서'를 오랜만에 다시 읽었는데, 칸트의 '숭고'가 떠올랐다. 생명의 서를 풀어쓰면 이렇다. 『온갖 지식과 사유로도 해답을 찾을 수가 없고, 삶의 애증(愛憎)을 더 이상 감당할 수도 없어 나의 생명과 실존이 한계상황에 도달할 때, 나는 머나먼 아라비아의 사막을 향한다. 아라비아의 사막이라는 열사의 끝에서는 모든 생명이 영겁의 세월 동안 모래 속에서 사멸하고 오직 신만이 밤마다 고민하고 방황한다. 그 고독 가운데 홀로 서면 운명처럼 나와 대면하고, 나의 생명이라는 그 원시의 본연한 자태를 깨닫게 될 것이다.』

장미꽃이나 연못에 핀 수련 등 취미판단의 대상은 마음속에 즐거움을 불러일으킨다. 이에 반해 황량한 아라비아의 사막은 오히려 불쾌한 감정을 일으킨다. 취미판단의 대상들은 직접적으로 생명력을 촉진하지만, 아라비아의 사막은 반대로 생명이 위협당하는 절망적 감정을 유발한다. 하지만 나는 아라비아 사막이라는 극한 상황과의 대면을 통해 지쳐가던 나의 생명력을 되찾는다. '생명의 서'는 생명력들이 순간적으로 억제되었다가 이내 한층 더 강화되어 범람하는 감정, 즉 "감동"을 일깨운다. 이 감동이 숭고다. "단적으로 크거나 압도적인 위력"을 가진 자연을 접하면, 우리 내면에 있는 숭고한 감정이 불러일으켜진다. 칸트는 미감적 판단을 취미판단과 숭고판단으로 나눈다. 취미 즉 아름다움은 직접적, 적극적으로 쾌감을 불러일으키지만, 숭고는 거부감, 불쾌감과도 혼재된 간접적, 소극적 쾌감을 불러일으킨다.

우리가 실제로 거대한 사막 한가운데 혼자 있다고 가정하자. 그러면 그 사막은 숭고의 대상이 아니라 저항해봤자 감당할 수 없는 두려움의 대상이 된다. 폭풍우가 몰아치고 파도가 치솟는 넓은 바다 한가운데에서 실제로 표류하고 있으면 절망감이 앞서지, 자연의 숭고에 관해 전혀 판단을 내릴 수 없다. 과학적으로도 사람은 태어날 때부터 본능적으로 공룡 등 거대한 크기, 독수리의 날개 등 커다란 폭, 으르렁거리는 소리 등을 감지하게 되면 공포감을 느끼게 된다고 한다.

그러나 우리가 안전한 곳에 있어 현실적인 공포에서 벗어날 수 있다면 거대한 사막의 적막과 대양의 질풍노도는 우리의 마음을 동요시키며 끌어당긴다. 상상력을 발휘해 그곳으로 가면 자연의 무한한 크기와 절대적 힘에 도전하고 저항할 수 있는 영혼의 힘을 우리 안에서 들춰낸다.

장미꽃 등 자연의 대상들을 아름답다고 부르는 것은 가능하지만, 사막이 숭고하다는 것은 부적절한 표현이다. 장미꽃은 직접적으로 쾌감을 유발하지만, 사막은 직접적으로 불쾌감을 유발하기 때문이다. 장미꽃의 형상은 취미판단의 형식적 합목적성과 쾌감을 유발할 수 있다. 하지만 사막 등 숭고의 대상은 어떠한 감성적 형식도 함유하고 있지 않기 때문에 쾌감을 직접 유발할 수 없다. 따라서 숭고함은 오직 판단자의 마음속에서만 만날 수 있고, 자연의 대상은 그러한 마음의 정조를 일으킬 수 있을 뿐이다.

고독한 가운데 "홀로" 자신의 마음속으로 들어가 무량광대한 아라비아의 사막 가운데 서면 온갖 지식과 삶의 애증 등 나를 심려하게 하고 고통스럽게 하는 것들이 작은 것으로 보이게 된다. 온갖 걱정들과 아픔은 정화되어 내 안의 생명력도 영혼의 힘으로 점차 되살아나고, 초자연적인 여러 이념의 세계로 확장된다.

미적인 것을 판정할 때 상상력이 지성의 개념 일반, 즉 규정되지 않은 개념과 부합했듯이, 숭고한 것을 판정할 때는 상상력이 이성의 이념들과 어떤 이념인지 규정되지 않은 채로 주관적으로 합치한다. 취미판단에서는 상상력과 지성이 자유롭게 유희했지만, 숭고판단에서는 상상력과 이성은 상충하기도 한다. 상상력을 통해 감성적 자연을 무한대로 확장하려 해도 이성의 초자연적 이념들 앞에서는 무력해진다. 그러나 상상력과 이성의 이러한 불일치를 극복하면, 자연 앞에서 서 있는 나는 작고 무력한 존재이지만 동시에 자연에 압도당하지 않고 용기 있게 맞설 수 있는 초월적 이념의 존재이기도 함을 자각한다. 이로써 상상력과 이성은 화해한다.

05
유한성을 넘어서는 미감적 이념

1. 미감적 이념

칸트가 구상한 사람의 인식 시스템에 따르면 사람의 추상적 사고는 지각 활동에 바탕을 둔다는 한계가 있다. 또 시공간이라는 감각적 경험의 형식, 범주라는 추상적 사고의 형식이라는 선험적 형식에 따라서만 보편타당성 있는 지식을 축적할 수 있다는 한계도 있다. 따라서 사람의 마음 밖에 어떤 사물의 실체가 존재하더라도, 사람의 마음을 떠나 그 존재를 인식할 수는 없다. 사람은 인식의 한계를 가진 "유한한 존재"다.

하지만 사람은 자신의 유한성을 자각하며 이를 넘어서려는 마음을 가진 초월적 존재이기도 하다. 이때의 마음은 인식의 한계 내에 있지 않다. 아름다움의 느낌은 어디에서 오는가? 이 느낌은 사람의 유한성을 초월하는 것에서부터 온다.

취미에 정신이 더해지면 상상력과 지성이 자유롭게 유희하고 증강하며 영혼에 생기를 준다. 상상력은 개념에서 배제되었던, 꾸밈이 없고 내용이 풍부한 미가공 재료를 지성에 제공한다. 지성은 이 재료를 받아 객관적 인식을 위해 사용하지 않고 규칙들의 강제 없이 전달되는 하나의 개념 속에 통합한다. 이 개념은 지성의 개념이 아니라 초감성적 이념, 즉 "미감적 이념"이다.[3)]

상상력은 자연에서 받은 재료를 가지고서 경험의 한계 너머에 있는 또 다른 자연을 창조하는 강력한 힘을 가지고 있다. 그 탄생의 순간에 모습을 드러내는 미감적 이념은 원본적이라서, 그 어떤 선행하는 원리나 실례로부터 추론될 수 없다. 취미의 최고 원형은 지성적, 논증적 분석으로는 파악될 수 없고 외관을 모방하더라도 그 본모습을 담을 수 없다. 그 원형은 사람들 안에 깊숙이 내재해 있는 이념이기 때문에 "각자 고유한" 능력으로 스스로 찾아낼 수밖에 없다.[4)] 특별한 계기를 통해 불현듯 미감적 이념의 경험이 찾아오기도 한다.

취미의 원형은 무규정적인 이념으로서 "개별적인 현시"에 의해서만 표상될 수 있다. 미감적 이념은 말로 많은 것을 생각하도록 유발하지만, 특정 개념으로도 채울 수 없고 어떠한 언어로도 온전하게 설명할 수 없다. 그 표현의 방식이 음악이든, 회화든, 언어든, 예술가는 빠르게 지나가는 상상력의 유희를 포착한다. 개념의 제한에서 벗어나 생기를 얻은 상상력과 지성의 자유로운 유희의 마음 상태가 "감각에 실려" 보편적으로 전달된다.[5)]

2. 미감적 이념과 이성적 이념

중국 춘추전국시대에 거문고의 명인 백아가 있었다. 그가 연주하는 거문고 소리에 깊이 담긴 마음의 정조를 알아주는 사람이 없었다. 백아는 우연히 그의 답답한 마음을 풀어줄 종자기를 만나게 되었다. 종자기는 평범한 나무꾼임에도 백아의 거문고 소리를 귀가 아닌 마음으로 알아들었다. 말하지 않아도 나의 속마음을 진정으로 알아준다는 "지음"(知音)이라는 말이 여기서 나왔다.

백아가 거문고를 켤 때, 말로 규정할 수 없고 감각적으로만 표현되는 미감적 이념을 전달하고자 했을 것이다. 종자기의 마음속에도 이미 백아가 전달하려 했던 미감적 이념이 자리 잡고 있었기에 그 전달이 가능했을 것이다. 미감적 이념은 외부로부터 주어지는 것이 아니라 자기 자신 안에 있던 것을 발견하는 것이기 때문이다. 백아의 연주로 종자기의 마음속에 있던 이념이 일깨워졌던 것이다.

실연의 아픔을 겪을 때 유행가 가사가 더 잘 들리는 이유와 같은 이치다. 가슴에 와닿는 유행가든지, 감동을 주는 영화, 소설에는 아름다움의 느낌뿐만 아니라 우리의 삶에 관한 이야기도 담겨 있다. 사랑, 용기, 자유, 영웅, 정의, 명예, 죽음, 복수, 질투, 천국, 지옥 등이 그려진다. 이와 관련해 칸트는 다음과 같이 말한다. "시인은 눈으로 볼 수 없는 존재자들의 이성 이념들, 즉 천국, 지옥, 영원, 창조 등과 같은 것들을 감성화한다. 또 경험에서 실례를 볼 수 있기는 한 것, 예를 들어 죽음, 질투와 패악, 사랑과 명예 등과 같은 것들을 경험의 경계를 넘어서 최고의 것에 이르게 한다. 이성의 선례를 좇으려고 열망하는 상상력을 매개로, 자연에서 실례를 볼 수 없을 만큼 완벽하게 감성화하고자 시도한다."[6] 예술작품 속에는 아름다움 그 자체만 들어 있는 것이 아니다. 취미와 미감적 이념 외에도 숭고, 이성적 이념 등이 뒤섞이면서 삶, 아름다움, 이념 등 여러 가지 다른 요소들을 감성화한다. 앞서 살펴봤던 '생명의 서'는 숭고와 이성적 이념의 체험을 시의 운율로 표현한 것이다.

저자가 추측건대 종자기가 지음(知音)한 것에 미감적 이념뿐만 아니라 이성적 이념도 들어 있었을 것이다. "음을 느낀다"라고 표현한 것이 아니라 "음(音)을 안다(知)."라고 표현했기 때문이다. 예술작품 속에서 미감적 이념과 이성적 이념은 짝을 이루는 경우가 많은데, 미감적 이념은 감각과 느낌에, 이성적 이념은 개념과 인식에 더 가깝다.

시나 노래 가사는 언어로 표현되기 때문에 개념이 들어갈 수밖에 없다. 비유, 은유, 상징 등 다양한 방식으로 특정 개념을 개념 일반, 즉 이념으로 확장하는 방식으로 상상력을 자유롭게 한다. 반면에 음악가들은 순전히 소리만 사용하기 때문에 개념이라는 유용한 전달 수단의 도움을 받을 수 없는 단점이 있다. 하지만 말로는 도저히 표현해서 전달할 수 없는 미감적 이념을 감각과 느낌으로 바로 전달할 수 있다는 장점도 있다.

지음이 그러한 확장성, 즉 취미판단의 주관적 보편성의 가능성을 실증한다. 백아의 연주 속에는 단순한 감각적 즐거움이나 아름다움의 감정을 유발하는 형식적인 완성미만이 들어있는 것이 아니다. 그 속에는 감각적 세계 너머를 현시하는 미감적 이념이나 개념적 인식의 한계 너머를 내다보는 이성적 이념이라는 보편성도 숨어 있다.

들뢰즈는 미감적 이념과 이성적 이념의 관계를 이렇게 설명한다. "이성적 이념은 그에 적합한 어떤 직관도 가지지 않는 개념이며, 미감적 이념은 그에 적합한 어떤 개념도 가지지 않는 직관이다. 이성의 이념이 영원, 창조 등 자연 속에 대응하는 대상을 가지지 않기 때문이든, 또는 사랑, 죽음 등 단순한 자연현상을 정신적 사건으로 만들기 때문이든 간에, 이성의 이념은 경험을 넘어선다. 그러므로 이성의 이념은 표현 불가능한 어떤 것을 내포한다. 이 이념은 우리에게 주어진 것과 다른 자연의 직관을 창조하기 때문이다. 미감적 이념은 모든 개념을 넘어선다. 미감적 이념은 이성적 이념이 내포하고 있는 표현할 수 없는 것을 표현한다."[7)]

3. 직관과 이념을 이어주는 아름다움

저자는 진주시에서 살 때 진양호에 가서 지리산을 바라보는 것을 좋아했다. 해가 천왕봉과 노고단 사이 구름 너머로 지면, 진양호도 그 빛을 받아 황금빛이나 붉은빛으로 물든다. 높이 솟은 천왕봉 아래로 지리산 봉우리들과 능선들의 음영이 뚜렷해지면서 물결처럼 겹겹이 펼쳐진다. 이 광경에 깃든 기운은 마음속에서 맹자가 말한 "호연지기"(浩然之氣)라는 이념을 불러일으킨다. 이렇게 아름다움은

진양호 풍경

유한한 직관의 세계와 초월적인 이념의 세계를 이어준다.

칸트는 자신의 마음을 경탄과 외경으로 채우는 두 가지가 있다고 한다. '내 위의 별이 빛나는 하늘과 내 안의 도덕법칙'이 그것이다. 칸트는 '실천이성비판'의 맺음말 부분에서 이렇게 말한다.[8] "그에 대해서 자주 그리고 계속해서 숙고하면 할수록, 점점 더 새롭고 점점 더 큰 경탄과 외경으로 마음을 채우는 두 가지 것이 있다. 그것은 내 위의 별이 빛나는 하늘과 내 안의 도덕법칙이다. 전자(별이 빛나는 하늘)는 내가 외적 감성 세계 안에서 차지하고 있는 자리에서 시작해서, 내가 서 있는 그 연결점을 무한 광대하게 세계들 위의 세계들로, 천체들 중의 천체들로, 그뿐만 아니라 그것들의 주기적인 운동의 한없는 시간 속으로 그 시작과 지속을 확장한다. 후자(내 안의 도덕법칙)는 나의 볼 수 없는 자아, 나의 인격성에서 시작해서, 참된 무한성을 갖는, 그러나 지성에게만 알려지는 세계 속의 나를 표상한다. 무수한 세계 집합의 첫째 광경은 동물적 피조물로서의 나의 중요성을 없애버린다. 동물적 피조물은 짧은 시간 동안 생명력을 부여받은 후에는 다시금 (우주의 한낱 점인) 유성에게로 되돌려 줄 수밖에 없다. 이에 반해 두 번째 광경은 지적 존재자(예지자)로서 나의 가치를 나의 인격성을 통해 한없이 높인다. 인격성에서 도덕법칙은 동물성으로부터, 더 나아가 전 감성

세계로부터 독립해 있는 생을 나에게 개시한다. 적어도 이것이 도덕법칙에 의해 이승의 생의 조건들과 한계에 제한받지 않고, 무한히 나아가는, 내 현존의 사명으로부터 추정되는 만큼은 말이다."

칸트가 별이 빛나는 하늘을 바라볼 때, 이 광경은 칸트의 마음속에 있는 자유와 도덕법칙, 인격성이라는 이성의 이념을 일깨운다. "사람은 단순한 욕구적 존재나 사회적 존재 이상으로서, 스스로 그것을 뛰어넘어 자신의 본래적 자아, 즉 순수한 실천이성으로 구성된 도덕적 존재로서의 자신을 발견한다."[9] 이렇게 아름다움은 사람의 유한성을 초월하여 초월적 이념의 세계에 닿도록 한다.

06
감각들의 표면 밑에 잠재된 공통감각

1. 감각들의 원초적 통일성인 공통감각

공통감각은 아리스토텔레스의 '영혼론'에서 처음 나온 용어로서 시각, 청각, 미각 등 서로 다른 감각을 하나로 합쳐주는 감각을 의미하였다. 예를 들어 청마 유치환은 '깃발'이라는 시에서 푯대 끝에 매달린 깃발이 바람에 나부끼는 것을 "이것은 소리 없는 아우성"이라고 표현했다. 여기서는 시각과 청각이 합쳐져 공통감각으로 통합되고 있다. 또한 하나의 감각으로만 표현되더라도 그 감각이 공통감각을 담고 있으면 다른 감각으로도 공통된 느낌을 받을 수 있다. 예를 들어 베토벤의 '전원 교향곡'을 듣고 있으면 서정적인 전원의 풍경이 떠오른다.

들뢰즈가 영국의 화가 베이컨(Francis Bacon)의 작품에 관해 쓴 '감각의 논리'에서 공통감각과 관련된 내용이 잘 설명되어 있다.[10)]들뢰즈는 보이는 그대로의 모습을 사실적으로 그리는 '구상화'와 형상이 아예 사라지는 '추상화'에 대비하여, 베이컨의 작품들을 "형상"으로 향하는 회화라고 했다. 형상으로 향하는 회화에서 화가는 감각을 그린다. 관객으로서 나는 그림 안에 들어감으로써 감각을 느낀다.

감각은 신체 속에 있고, 살의 시스템인 신경 시스템 위에 직접 작용한다. 즉 감각은 온몸에 퍼져 있는 신경 시스템을 통해 느끼는 것이다. 그런데 들뢰즈는 감각이 하나의 '층'에서 다른 층으로, 하나의 '영역'에서 다른 영역으로 이동한다고 하며, 다음 두 가지로 나누어 설명한다.

첫째, 감각의 층들은 움직임의 순간들이다. 동그라미나 평행육면체 등 형상을 격리하는 윤곽 안에서 요동치면서 움직인다. 형상을 격리하는 그 자체도 운동원이 된다.

둘째, 감각의 층들은 다른 감각기관들로 돌아갈 수 있는 것이다. 예를 들어 투우를 그린 그림 속에서 사람들은 동물의 발굽 소리를 듣는다. 화가는 감각들의 원초적 통일성을 보여주며 복수 감각을 가진 형상을 시각적으로 나타낸다. 색, 맛, 촉각, 냄새, 소리, 무게 사이에는 감각의 재현적이 아닌 '신경 흥분적인' 순간을 구성할 소통이 있다.

들뢰즈에 따르면, 여러 다른 층의 다른 감각들이 있는 것이 아니라 하나의 유일하고 동일한 감각의 여러 다른 층들이 있다. ① 한 영역에 속하는 감각이 모든 감각 영역에 걸쳐 있고, ② 그것들을 모두 다 통과하는 어떤 생생한 힘 위에서 포착될 때, 감각들의 원초적인 통일이 가능하다. 이 힘은 시각이나 청각 등보다 훨씬 깊은 것으로서 "리듬"이다. 반면에 구상적인 회화나 추상적인 회화는 두뇌를 통과하지, 신경 시스템 위에서 직접 작용하지는 않기 때문에 단 하나의 동일한 층에만 머무른다.

리듬은 그것을 청각적 층리에 투여하면 음악처럼, 시각적 층리에 투여하면 회화처럼 나타난다. 이 리듬이 어떤 음악을 주파하듯이 어떤 그림을 주파한다. 이것이 합리적이거나 두뇌적이지 않은, 프랑스의 화가 세잔(Paul Cézanne)이 말했던 "감각의 논리"다. 세잔은 시각적 감각 속에 살아 있는 리듬을 놓았다.

2. 공통감은 공통감각에서 확장된 것인지

칸트는 감각들 사이 통합을 의미하는 "공통감각"을 인식능력들 사이 조화와 통합을 의미하는 "공통감"으로 개념을 확장했다.[11] 앞서 살펴보았던 자유로운 상상력과 규정되지 않은 지성의 일치가 미감적 공통감이다.

칸트에 따르면, 감정의 보편적 전달 가능성은 공통감을 전제로 한다. 꽃이 아름답다고 말할 때는 다른 사람의 동의를 요구하므로, 이 감정은 사적 감정이 아니라 공통적인 감정을 기초로 하고 있다. 상상력, 지성 등 인식능력들의 자유로운 유희에서 생기는 생동감과 이러한 감정의 보편적 전달 가능성의 원리가 공통감이다. 개념의 개입 없이 느낌이 전달될 수 있다는 가정은 능력들의 주관적 일치의 "이념" 위에 근거한다. 상상력과 지성의 자유로운 놀이는 지성적으로 알려질 수 없고 오직 느껴질 수 있을 뿐이다.

간단히 말해 감각 또는 감각의 변형인 상상력이 개념이 아닌 미감적 이념 속에 통합됨으로써 주관적인 감정이 감각에 실려 보편적으로 전달된다는 것이다. 상상력과 지성의 자유로운 유희는 이처럼 인식력들이 통합될 때 나타나는 조화의 상태를 표현하는 것이다.

저자의 견해로는 "공통감각"은 감각 쪽에 가까이 있고, "공통감"은 이념 쪽에 가까이 있어 그 성격이 다르다. 공통감은 전혀 성격이 다른 감성, 상상력, 지성이 만나 일치와 조화를 이루는 것이다. 반면에 공통감각은 시각, 청각 등 다른 감각들이 통합되거나 조화를 이루는 것이 아니다. 원초적인 리듬이 감각을 달리하면서 나타나는 것이다.

공통감각이 원초적 리듬이라고 하는데 그것이 무슨 뜻인지? 어떻게 개인의 특유한 감정이 보편적으로 전달될 수 있는지? 미감적 이념과 이성적 이념은 어떤 관계에 있는지? 저자는 이런 의문을 베토벤의 '월광소나타'를 통해 풀어보려고 한다. 그전에 에로스에 대해 먼저 살펴보자.

07
플라톤의 향연, 에로스

1. 연애의 신, 에로스

사람들은 인생의 어느 시기가 되면 지독한 에로스의 열병에 빠져 자신의 짝을 찾아 방황하기 시작한다. 어떤 대상을 열렬히 사랑하고 그리워하며 욕망하지만 대체로 사랑은 쉽게 이루어지지 않고 마음을 아프게 한다. 수많은 예술가가 사랑을 통해 예술에 눈을 뜨고 숱한 예술작품들이 이 주제를 다룬다. 예술작품에서 마음의 생동감을 일으키는 것의 대표적인 주제가 바로 남녀 간의 사랑이다. 나의 잃어버린 반쪽은 도대체 어디에 있는가? 어딘가에서 들어봤을 이 "반쪽 찾기 열정"의 신화가 플라톤이 쓴 '향연'에서 나오는 이야기 중 하나다. '향연'의 그리스어 제목인 '심포지엄'(symposium)은 '함께 모여 술을 마신다'는 뜻이다. 소크라테스와 그의 추종자들은 포도주를 곁들이며 연애의 신 에로스와 아름다움이 무엇인지에 대해 돌아가며 발표하고 토론한다.

아주 오래전에 사람은 두 개의 몸이 하나로 합쳐져 둥근 공 모양을 하고 있었다. 하나의 머리에 두 개의 얼굴, 네 개의 팔다리를 가지다 보니, 성별도 남성과 여성뿐만 아니라 남성과 여성을 함께 가진 세 번째 성도 있었다. 이들이 지닌 힘과 재능이 뛰어나 신들을 공격할 정도에 이르렀다. 이를 참지 못한 제우스는 사람의 힘을 약화하기 위해 머리카락으로 삶은 달걀을 자르듯이 각각의 사람을 둘로 쪼갰다. 원래 하나이던 사람의 모습이 둘로 나누어지자, 사람들은 자신의 반쪽을 그리워하며 찾아다녔다. 서로 만나 부둥켜안고 뒤엉켜서 한 몸이 되고 싶어 했다. 자신의 반쪽을 찾아서 태고적의 온전한 모습으로 돌아가기를 열망하는 것에 붙여진 이름이 에로스다. 에로스는 자신에게 결핍된 것을 소유하기 위해 격렬히 욕망하고 그것을 향유하기 위해서는 죽음이라도 마다하지 않는 아주 뜨거운 감정이다. 자신의 진정한 반쪽을 만나게 되면, 좋아하는 마음과 함께 마치 진정으로 자기 것을 찾은 것 같은 친밀함과 연애 감정에 사로잡혀서, 한시도 서로에게서 떨어져 있고 싶어 하지 않게 된다.

이 '잃어버린 짝 찾기' 신화에서 에로스의 특징들이 잘 드러난다. 첫째, 에로스는 자신에게 결핍된 것을 향유하려는 욕망이다. 원래 하나였던 것에서 쪼개져서 둘이 된 것이기 때문에, 자신의 반쪽을 끊임없이 찾는다. 둘째, 아주 오래전부터 사람들은 서로를 열렬히 사랑하려는 에로스의 열망을 지니고 태어난다. 태어날 때는 망각했다가 인생의 어느 시점에 도달해 특별한 계기를 만나게 되면 온전한 원래의 모습을 기억해낸다. 이것이 "상기"(想起)다. 셋째, 사람들은 태어날 때부터 마음속에 숨겨두고 잉태했던 것을 아름다움 속에서 그 모습을 드러내고 출산하기를 원한다. 온전한 것은 아름다운 모습으로 나타나기 때문이다. 그때 원형적 아름다움이라는 완전성, 즉 "이데아"를 직관할 수 있다. 플라톤이 향연에서 들려주는 에로스의 이 세 가지 특성을 좀 더 자세히 살펴보자.

2. 에로스의 특성

에로스가 무엇인가를 욕망하고 연애하는 것이라면, 그 무엇을 가지고 있지 않기 때문이다. 어떤 사람이 이미 키가 크다면, 그는 큰 키를 욕망하지 않는다. 그에게 큰 키는 결핍된 것이 아니기 때문이다. 사람이나 동물에게 있어 가장 큰 결핍은 죽음이다. 죽음이 모든 것을 빼앗아 가기 때문에, 생명을 가진 존재들은 할 수 있는 한 죽지 않고 영원히 존재하고자 한다.

살아있지만 죽을 수밖에 없는 필멸의 존재들에게 잉태와 출산은 영원히 죽지 않는 불사의 요소다. 노쇠해서 사라지게 되는 존재들은 생식활동을 통해 자신을 닮은 다른 새로운 것을 뒤에 남기는 방식으로 자신을 보존한다. 그래서 사람은 인생의 어느 시기가 되면 본성적으로 출산하기를 원한다. 될 수 있으면 아름다운 것 안에서 출산하려고 한다. 남자와 여자, 높은음과 낮은음 등 서로 반대되는 것들이 만나 조화를 이루는 것은 아름다움 속에서 일어나기 때문이다. 그래서 아름다운 것과 마주칠 때 마음이 설렌다.

요약하면 에로스는 단순히 아름다운 것을 연애하는 것이 아니다. 에로스는 태어날 때부터 잉태해 있던 것을 몸을 따라서나 영혼을 따라서나 "아름다운 것 안에서 출산"하는 것이다. 이러한 에로스의 열정으로 필멸의 존재는 영원히 죽지 않는 불멸에 참여하게 된다.

짐승들은 지독한 에로스의 열병에 걸려서, 서로 짝짓기를 하고 새끼를 낳아 기른다. 자신은 굶더라도 새끼들을 먹이고 돌보기 위해서라면 무엇이든 해낸다. 새끼들을 보호하기 위해서라면 자신보다 힘센 짐승과 맞서 죽음을 각오하고 싸운다. 사람들도 그런 방향으로 에로스를 추구해 이성에게로 다가가 자식을 낳으려고 한다. 그 속에는 행복뿐만 아니라 영원히 죽지 않고 기억되려는 희망이 담겨 있다.

에로스는 사람에게 미덕을 행할 동기도 부여한다. 연인들이 에로스로 묶여 있을 때, 두 사람은 서로를 의식해서 미덕을 추구하게 된다. 추하고 부끄러운 일에 대해서는 수치심을 갖고, 연인에게 그러한 모습을 보이지 않으려 한다. 아름답고 훌륭한 일에 대해서는 긍지를 갖고 공유하며 추억을 쌓아간다. 사랑에 빠진 사람이라면 위험에 처한 자기 연인을 내버려 두는 일이 없다. 에로스 신이 그에게 용맹함을 불어넣어 위협에 맞설 용기를 준다. 연인이 어려움에 부닥치면 최선을 다해 돕는다.

정신적인 사랑이 육체적인 사랑보다 우월하다는 것은 아니지만, 성적인 욕망을 중심에 두고 에로스를 추구하는 사람들도 있다. 자신이 연애하는 사람의 영혼보다는 몸을 더 사랑한다. 이런 사람들은 일을 치르는 데만 눈이 팔려 마음도 한결같지 않다. 이들의 연애는 꽃다운 몸이 시들면 쉽게 날아가 버린다. 이런 세속적인 연애를 '범속의 에로스'라고 한다. 반면에 육체적 쾌락만을 탐하지 않고 고귀한 성품으로 평생 변함없이 연애하는 사람들도 있다. 친밀하고 따뜻한 마음으로 서로에게 아낌없이 봉사하고 미덕을 행하는 연애를 '천상의 에로스'라고 한다.

에로스는 연인들 사이 연애에만 국한되지 않는다. 사람은 몸과 생식을 통해 불멸의 존재가 되기를 희망할 뿐만 아니라, 영혼을 통해서도 영원한 존재가 되기를 희망한다. 사람의 창작물은 이전에 없었던 것을 존재하게 하는 것이다. 예술창작, 역사적 업적, 과학적 발견과 발명, 연구성과물 출판 등은 영원히 죽지 않는 자식을 남기는 일종의 출산이다. 장인들이 남긴 독창적인 작품들은 불멸의 명작으로서 사람들 사이에서 영원히 기억된다. 사람들은 아름다운 일을 많이 하고 온갖 미덕을 남긴 영웅들을 각별하게 생각하고 귀하게 여긴다. 이들의 업적과 명성은 역사에 기록되어 불사의 존재로 남는다.

플라톤에 따르면, 에로스는 아름다운 육체에서 출발해서 아름다운 일들로, 아름다운 지식으로 계단을 타고 올라가다가 최종적으로 아름다움의 원형을 직관하는 데 닿는다. 어떠한 말이나 지식으로도 표현해서 이해시킬 수 없고 어떠한 모습으로도 나타낼 수 없는 '아름다움 그 자체'를 만나게 된다. 그 자체로 독자적이고 '단일한 형상'으로 존재하는 아름다움의 원형은 어떤 점에서는 아름답고 어떤 점에서는 추한, 그런 것이 아니다. 어떤 때에는 아름답고 어떤 때에는 추한 그런 것도 아니다. 어떤 사람이 보기에는 아름답고 어떤 사람이

보기에는 추한 그런 것도 아니다. 생성하고 소멸하는 다채로운 아름다운 것들의 바탕에는 순수하면서도 변하지 않는 원형적인 아름다움이 있다.

3. 상기와 에로스

차근차근 단계를 밟고 올라가며 관조하다가 마지막 단계에 이르러야 미의 원형을 직관하게 되는지는 잘 모르겠다. 저자의 생각으로는, 차근차근 오르지 않더라도 어떠한 계기를 만나게 되면 갑자기 그 원형과 만나게 될 수도 있을 것 같다. 아름다움의 원형은 태어날 때부터 내면의 깊은 곳에서 잉태되어 있다가 에로스가 잡아주는 계기를 통해 직관된다. 그것의 존재를 발견한 사람은 자신의 안에 있던 것을 세상 밖으로 내보내지 않으면 답답해 견딜 수가 없다. 그것이 "출산의 산고"다. 경험이나 학습이 도움이 될 수 있지만 아름다움의 원형을 직관하는 데 결정적 역할을 하는 것은 "상기"다. 사람의 영혼에는 아름다움의 원형, 즉 "이데아에 대한 관념"이 선험적으로 존재하고 있다. 에로스의 도움으로 망각했던 그 신비로운 기억을 되살리는 것이다.

저자는 '사람의 마음속 깊이 숨어 있는 자신만의 특유한 어떤 것으로 들어가는 것은 역설적으로 가장 보편적인 것으로 나아가는 것이다.'라고 생각한다. 그 가장 보편적인 것이 이데아일 수도 있겠다. 플라톤에 따르면, 이데아는 주관의 인식 너머에 있는 진리의 세계로서, 영혼이 이미 보았지만 잊어버리고 있던 불변의 진리를 다시 직관적으로 상기하는 형상이다.

통상적으로 기억은 과거에 경험하거나 생각했던 것을 의식적으로 저장하는 것을 의미한다. 반면에 상기는 결코 체험된 적이 없었던 순수 과거를 기억해내는 것이다. 체험하지도 않은 것을 어떻게 기억한다는 말인가?

우리가 경험하는 것은 항상 변화하는 것이기 때문에 경험만으로 이 원형을 파악할 수 없다. 그래서 미의 이데아를 직관하기 위해서는 경험적 기억 외에도 순수 과거의 상기가 필요한 것이다. "우리의 내면에 감추어져 있던 무언가가 모습을 바꾸어 가며 나타난다." 에로스의 무한한 생명력은 잉태된 그 무언가를 새로운 모습들로 출산한다. 그것은 시간에 따라 정리하며 학습한 것이 아니다. 그것의 뿌리는 도식을 만드는 인식의 조건인 시공간, 범주가 아니다. 그 신비는 표상으로서의 세계에 잠재해 있으면서 가끔 그 모습을 드러낸다.

4. 천년여우

에로스와 상기가 잘 드러나는 애니메이션이 있다. '천년여우'(千年女優)는 일본 애니메이션 감독인 '곤 사토시'가 2001년에 만든 작품이다. 제목 그대로 천년의 삶을 연기하는 여배우에 관한 이야기다. 이 영화는 전설적인 여배우인 치요코의 일생을 담는 다큐멘터리를 만들기 위해 제작진이 그녀의 집을 찾아가는 장면으로 시작한다. 치요코는 제작 감독인 겐야와 함께 평생 첫사랑을 찾아 헤맨 그녀의 과거로 시간 여행에 나선다.

2차 세계 대전이 한창일 때 일본의 어느 마을에서 길을 걷던 치요코는 정부에 반대하다가 경찰에 쫓기게 된 화가와 우연히 마주친다. 치요코는 그를 자기 집 창고에 숨겨주면서 한눈에 반해 사랑에 빠진다. 그는 치요코에게 평화가 오면 고향에 초대하겠다고 약속하지만 이내 경찰에 들켜 어디론가 달아나 버린다. 치요코는 그가 사라지면서 남긴 '가장 소중한 것을 열 수 있는 열쇠'를 발견한다. 그리고 그 남자가 "다시 여행을 떠나겠다. 동료들이 만주에서 싸우고 있다." 라고 한 말을 기억해내고, 어떻게든 그를 만나기 위해 만주에서 찍는 선전영화에 출연하기로 결심한다. 그녀가 영화배우의 삶에 들어선 것도 바로 이때부터다.

그 후 치요코는 일본 전국시대의 무사, 에도 시대의 반역죄인, 1930년대 말 민권운동가를 사랑하는 여인, 미래의 우주비행사 등 여러 배역을 맡아 천년에 걸친 삶들을 연기한다. 그녀가 맡은 배역들도 운명처럼 마주친 사랑을 찾아다니지만 결국 만나지 못하게 된다.

치요코는 은막의 톱스타가 되지만 첫사랑을 찾는 여정을 포기하지 않으며 순수하고 열성적으로 살아간다. 청마 유치환의 시 '깃발'처럼 치요코의 "슬프고도 애달픈 순정은 물결같이 바람에 나부낀다. 저 푸른 해원(海原)을 향하여 흔드는 영원한 노스탈지어의 손수건"처럼 첫사랑과 재회하기를 기다렸다. 하지만 그 남자는 이미 죽어서 세상에 없었다. 치요코는 무한한 우주 공간 속으로 나아가며 "그를 만나든 말든 상관없는지 모른다. 왜냐하면 그 사람을 좇는 내 모습이 좋다."라는 말을 남기며 영화는 끝난다.

이 영화는 시간의 흐름에 따라 사건이 전개되지 않고, 치요코의 삶과 그녀의 출연작들 속 장면들이 뒤섞인다. 현재 그녀를 지켜보고 있는 겐야와 카메라맨이 그녀의 과거와 영화 속에 계속 등장한다. 치요코가 우주 비행선을 타고 먼 우주 끝으로 날아가려고 할 때 겐야와 카메라맨은 그녀를 말리기도 한다. 그러한 효과로 관객들은 지금 보이는 것이 현실인지, 영화 속 이야기인지 헷갈리게 된다.

치요코는 첫사랑을 잊지 못하고 평생 그 사랑을 쫓아다닌다. 나중에는 "그를 만나든 말든 상관없는지 모른다. 왜냐하면 그 사람을 좇는 내 모습이 좋다."라고 말한다. 에로스라는 강력한 에너지는 어떤 허상에 빠지는 것인 줄 모른다. 삶과 작품, 실제와 허상의 경계가 액자 구조 속에서 표현되면서 그 경계가 흐릿해진다.

어린 치요코는 그 남자와의 만남을 통해 처음으로 자신의 영혼 속에 감추어져 있던 그 신비로운 존재를 발견한다. 그것은 에로스를 통해 도달하게 되는 그녀의 본래적 자아, 아름다움의 원형이다. 치요코는 첫사랑과의 만남을 통해 태어날 때부터 잉태하고 있었던 이 원형을 기억해낸다.

상기에서는 시간이 과거에서 현재로 흐르지 않는다. 상기를 통해 순수한 과거를 기억해 내고, 그 기억들은 현재와 미래에서 다른 모습으로 반복된다. 상기된 순수함 그 자체는 첫사랑을 쫓는 치요코의 삶, 치요코의 출연작들 속 이야기들, 그녀의 여정을 담은 다큐멘터리, 열쇠와 그림 같은 소품 등의 모습으로 바뀌면서 반복된다. 천년이라는 세월의 무게로 그 반복은 강화되고, 시간과 공간을 초월해 일정한 패턴이 변화무쌍한 모습으로 지속된다.

시간은 사물과 자연의 물리적 변화를 측정하는 단위이다. 시간이 사람의 의식 안으로 들어오면 단순한 물리적 측정 단위일 뿐만 아니라, 기억을 규칙에 따라 정리하는 데 핵심적 역할을 맡는다. 이것이 칸트의 선험적 인식이다. 하지만 경험이 시간상으로 재현 또는 재구성된다고 해서 잊었던 자기 내면을 깨닫게 되는 것이 아니다. 플라톤의 상기는 시간의 기억 규칙에 얽매이지 않는다. 들뢰즈에 따르면, 모든 상기는 에로스의 성격을 띤다. 우리가 순수 과거 안으로 침투할 수 있는 것은 언제나 에로스 때문이다. "에로스는 순수한 과거에서 잠재적 대상들을 탈취하고, 우리는 또 그 에로스에 힘입어 그 대상들을 체험한다."[12)]

곤 사토시 감독은 '천년여우'에서 시간의 질서를 흩뜨림으로써 규칙으로 정리되는 것에 담길 수 없는 것을 표현하려 한 것 같다. 정형화된 인식의 틀인 인과의 규칙에서 벗어날 때, 잊어버렸던 순수한 과거가 그 모습을 드러낼 수도 있다.

08
베토벤의 월광소나타

1. 저자의 미적 체험

저자가 대학에 다닐 때 경험했던 일이다. 어떤 상(象)이 가슴 또는 심장 부근에 생겼다. 둥근 그릇에 담긴 채 반짝이면서 출렁이는 붉은 액체로 된 "심상"(心象, 이미지)이 갑자기 보였다. 어떤 감정이 마음속에서 이런 상(象)의 형태로 나타난 것이다. 이 가슴 속에 담긴 감정과 이것이 시각화되어 나타나는 상(象)을 누군가 이해해주기를 바랐지만, 친구들과 이야기해도 그 느낌을 잘 알아주지 못하는 것 같았다. 말로 표현해서 전달하기도 어려워 답답했다.

우연히 아시케나지(Vladimir Ashkenazy)가 연주하는 베토벤의 '피아노 소나타 14번', 일명 '월광소나타' 1악장을 들었을 때 나한테 나타났던 그 감정을 그대로 느낄 수 있었다. 누군가 이해했으면 하던 그 마음을 베토벤의 음악이 공감해 주었다. 춘추전국시대 종자기가 백아의 거문고 연주를 듣고 백아의 마음속을 알아챈 것처럼.

월광소나타라는 이름은 베토벤이 직접 붙인 이름은 아니다. 음악평론가이자 시인이었던 렐슈타프(Ludwig Rellstab)가 '달빛이 비치는 스위스 루체른 호수, 그 위 뜬 조각배를 떠오르게 한다'고 한데서 유래되었다. 달빛이 비치는 호수 물결의 이미지는 내 마음속에서 그릇에 담겨 반짝이면서 출렁이는 붉은 액체의 심상과도 닮아있다. 나의 마음속에 숨겨져 있다가 그 모습을 시각적인 심상의 형태로 드러낸 어떤 감정이 베토벤의 월광소나타 안에서 소리로 표현되고 있었다.

2. 공통감각

눈을 감고 있으면 고요한 내면에서 월광소나타가 들려온다. 그 진동이 깊어지면서 마음을 아프게 하고 물결은 달빛으로 반짝거린다. 아직도 저자의 마음속에서 생생하게 살아있는 베토벤 음악과의 만남을 다시 정리해 보자.

저자의 마음속에서 생겼던 감정은 가슴 또는 심장 부근에서 둥근 그릇에 담긴 채 반짝이면서 출렁이는 붉은 액체의 이미지, 즉 "심상"(心象)으로 나타났다. 단순한 느낌이 아니라, 말 그대로 심장(心) 부근에서 느껴지고 머릿속에서 또렷이 그려지는 상(象)이 생겼다.

베토벤도 자신의 마음속에 생긴 어떤 감정을 피아노 소나타 14번 1악장의 선율로 나타냈을 것이다. 한 음악평론가가 그 선율을 듣고 호수를 비추는 달빛의 이미지를 떠올렸다.

저자는 월광소나타를 듣고 저자의 마음속에 생겼던 그 감정이 그대로 선율로 표현되고 있음을 느낌으로 알아차렸다. 감정이나 느낌이 소리로 표현되고 공감되는 "지음"(知音)이 일어난 것이다. 또한 그 감정은 저자의 마음속에서 시각적인 심상으로 나타났는데, 한 음악평론가가 월광소나타를 듣고 떠올렸던 이미지와 매우 닮았다. 젊은 시절에 저자와 베토벤의 마음속 깊은 곳에서 발견된 어떤 감정 또는 느낌, 그것을 드러내는 소리, 이미지 사이에는 말로 설명할 수 없지만 분명히 존재하는 연결고리가 있다.

저자의 이러한 미적 체험을 들뢰즈가 '감각의 논리'에서 묘사한 감각의 원초적 통일성과 대응시켜 보면, "공통감각"이 무엇인지 잘 드러난다.

첫째, 들뢰즈는 '감각이란 대상을 떠난 유희 속에 있는 것이 아니라, 신체 속에 있다. 나는 감각 속에서 되고 동시에 무엇인가가 감각 속에서 일어난다'고 했다. 둥근 그릇에 담겨 반짝이면서 출렁이는 붉은 액체로 된 상(象)이 저자의 "심장 쪽에서" 생겼다. 그것은 마음을 아프게 하기도, 기쁨을 주기도 하면서 신체의 변화에 연동된다.

둘째, 들뢰즈는 '감각은 움직임의 순간들이다. 그 움직임은 동그라미나 평행육면체 등 형상을 격리하는 윤곽을 떠나지 않고 요동친다'고 했다. 마찬가지로 저자의 마음 상태에 따라 그 심상은 둥근 그릇에 담겨 반짝이면서 출렁이는 움직임을 반복한다. 그냥 가만히 있는 한순간의 이미지가 아니다.

셋째, 들뢰즈는 '리듬이 어떤 음악을 주파하듯이 어떤 그림을 주파한다. 시각적인 심상이 음악 등 다른 감각으로 나타날 수 있는 것은 어떤 생생한 힘 위에서 직접 포착되었을 때만 가능하다. 이 힘은 시각이나 청각보다 훨씬 깊은 것으로서 리듬이다'라고 했다. 저자의 마음속에 나타난 그 시각적인 심상은 베토벤의 월광소나타라는 음악, 즉 리듬으로 나타났다. 간단히 말해 『리듬은 마음속의 생동감, 즉 공통감각이다. 감각의 논리는 미감적 이념이다.』

3. 지음과 심상

그러면 저자와 베토벤이 공통적으로 느꼈던 감정은 무엇인가? 그것은 에로스다. 치요코가 평생 찾아다녔던 그것이다. 플라톤의 강조한 바와 같이, 에로스는 태어날 때부터 잉태해 있던 것을 "아름다운 것 안에서 출산"하는 것이다. 유한한 존재인 사람은 에로스의 열정을 품고 영원히 죽지 않는 불멸에 참여한다.

에로스는 경험을 통해 알게 되는 것이 아니다. 인생의 어느 시점에 도달해 특별한 계기를 만나게 될 때 자기 내면에 감추어져 있던 그 온전한 모습을 기억해내는 것이다. 내가 과거에 무엇을 했고, 앞으로 어떻게 살아가야 할지 걱정하는 것에서 거리를 두고서, 『내가 태어날 때부터 가지고 있었는데 잊고 있던 나의 본래적인 모습을 기억해내는 것』이 상기다. 외부적 자극도 필요하고 그것의 영향도 받지만 결국 아름다움의 본질은 자기 내면에서 발견된다. 자신만의 특유한 내면의 모습을 발견하고 기억해 낼 때 아름다움의 본질인 보편성으로 나아간다.

베토벤은 어떤 계기를 통해 사랑, 영원, 창조 등의 "이성적 이념"을 담고 있는 에로스의 열정을 상기하였을 것이다. 베토벤은 말로는 표현할 수 없고 오로지 감각과 느낌으로만 공감될 수 있는 그 마음속의 생동감인 "공통감각"과 "미감적 이념"을 월광소나타에 담았다. 월광소나타의 아름다운 선율은 모든 감각 영역을 다 통과하는 생생한 힘을 담고서, 미감적 이념이라는 마음의 정조를 일깨우며 다른 사람들에게 전달된다. 예술창작과 심미적 체험은 『자신의 가장 깊은 곳에 숨겨져 있는 고유하고 특유한 것을 발견하고, 그것이 동시에 가장 보편적인 것임을 공감』하는 과정이다. 미감적 이념은 자기 속으로 들어갔을 때 만나는 보편성이다. 에로스는 타인에 대한 사랑 같지만 결국 그 감정은 자기 자신 속에서 발견되는 것이다. 자신 속에 있는 보편성을 발견해야 그것이 타자에 대한 사랑으로도 나아갈 수 있는 것이다. 회페의 말처럼, "미적 경험의 주관적 자아 감정 속에는 세계와 생명 일반에 대한 보편적 감정이 포함되어 있다."13)

곤 사토시 감독은 '천년여우'라는 영화에서 시간의 질서를 흩뜨렸다. 폴 세잔은 '생트 빅투아르 산'이라는 그림에서 공간의 질서를 깨뜨렸다. 세잔은 시간이 지남에 따라 옮겨가는 빛을 좇아가며 시각, 청각, 촉각 등 개별 감각을 관통해 흐르고 있는 공통감각을 찾아냈다. 공통감각과 미감적 이념은 『머리에서 시공간의 질서인 도식으로 그려지는 것이 아니다. 심장에서 심상으로 그려지는 것이다.』 들뢰즈의 말처럼 "예술작품은 개념 없는 독특성의 자격에서 반복된다. 시를 가슴에 새겨야 하는 것은 우연이 아니다. 머리는 교환의 기관이지만 심장은 반복을 사랑하는 기관이다."[14]

우리의 마음속에서 발견된 후 전달되지 않으면, 즉 누군가 "지음"하지 않으면, 숨이 막힐 듯한 느낌의 메시지가 쾌감을 주는 것, 좋은 것에 치중된 것이라면 심미적 감성의 본질이 전달되는 것이 아니다. 즐거움과 좋음에 무관심하고 거리를 두며 관조한다고 해서 그것 자체로 특유성과 보편성이 생기는 것이 아니다. 그것에 접근하는 데는 감각과 에너지가 필요하다. 그것은 한마디로 살아 움직이는 생동감이다. 단순한 생리적 감각이나 쾌감과는 다른 감각인 공통감각이다. 공통감각은 상상력을 자극해 이미지를 산출한다. 그 이미지가 "심상"이다.

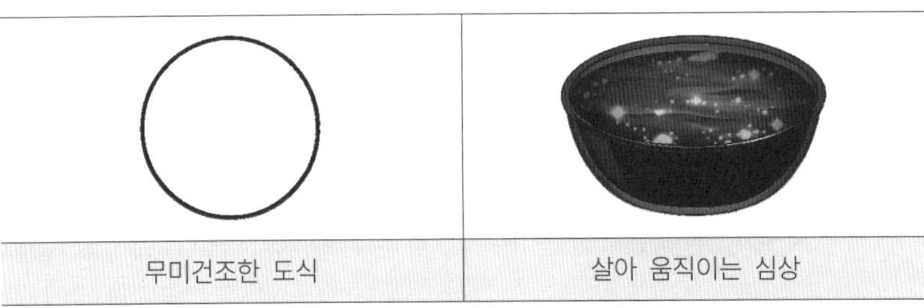

무미건조한 도식 | 살아 움직이는 심상

Chapter 04

이념과 AI

01
칸트의 이념

1. 영화 '매트릭스'와 물자체

영화 '매트릭스'에서, 지구가 어둠에 묻히게 되자 기계는 사람의 생체에너지를 에너지원으로 활용하기 위해 사람들을 잠재우고 시스템에 연결한다. 사람들의 몸은 묶인 채 배터리로 사용되고 사람들의 의식은 기계가 만든 가상현실 속에서 갇혀 그것을 현실로 받아들인다. 매트릭스 속에서 살아가는 것은 꿈을 꾸는 것과 거의 같다.

칸트는 우리의 의식이 표상들로 채워져 있다고 한다. 표상들은 머릿속에서 "다시 나타나는"(represent) 것이므로 우리의 의식 세계는 일종의 매트릭스라고 볼 수 있다. 다만 칸트는 표상의 세계가 현실 세계를 반영한다고 보며 의식 속에서 일어나는 일이 꿈을 꾸는 것이 아니라고 한다. 즉 우리의 의식 세계와 현실은 영화처럼 가상 세계와 현실 세계로 완전히 분리된 것이 아니라 일체를 이룬다.

칸트는 사람이 만든 매트릭스, 곧 표상이 어떻게 만들어졌는지를 밝혔다. 또한 우리의 표상이 기계가 만든 가상의 매트릭스와 달리 객관적 타당성, 곧 실재성을 가질 수 있는 이유도 밝혔다. 칸트는 매트릭스 속에서 일어나는 일들이 현실 세계를 반영하지만 그 현실 세계의 참모습, 곧 '물자체'가 실제로 어떤지는 알 수 없다는 입장이다. 물자체를 탐구하는 것은 인식이 아닌 사유 또는 믿음의 영역에 속하고, 우리는 살아가고 실천하면서 그 문제에 대한 답을 찾아갈 수밖에 없다고 한다.

쇼펜하우어에 따르면 칸트는 우리가 의식을 가지고 살아가는 세상이 표상으로서의 세계에 불과하고 그 표상이 어떻게 구성되는지를 깨닫게 해주었다고 한다. 그 업적을 시각장애인에게 눈을 뜨게 해준 것에 비유한다. 그에 나아가 쇼펜하우어는 표상의 세계, 곧 매트릭스를 누가 만들었는지 밝히며 매트릭스를 파괴하려고 한다.

2. 이성의 통제적 사용

물자체란 한마디로 말해 사물의 본래 모습이다. 칸트에 따르면 사람은 직관과 개념이라는 형식에 한정되어 사물을 인식하기 때문에 물자체는 개념적 인식 밖에 있는 대상이다. 하지만 물자체는 실재하지 않으면서 사람의 정신 속에서만 존재하는 환상이 아니라, 실재하지만 그것에 도달할 수 없는 불가능성의 표현이다. 직관의 결과물인 현상은 이미 '현상하는 그 무엇'을 전제한다. 물자체는 감각 경험의 바깥에 있으면서도 현상과 불가분하게 연결된 알려지지 않은 X이다.

칸트는 지성과 이성을 구분하는데, 이 구분은 물자체를 이해하는 데 있어 유용하다. 직관을 모아 개념을 만드는 인식능력이 "지성"이라면, 지성이 만든 단편적인 개념들을 모아 체계적이고 통일적인 지식 체계를 만드는 능력이 "이성"이다. 예를 들어 '사과가 익으면 나무에서 떨어진다'라고 판단하는 것은 지성의 역할이다. 이러한 개별적인 판단을 모아서 '중력은 떨어진 두 물체의 질량의 곱에 비례하고, 두 물체 사이 거리의 제곱에 반비례한다'는 만유인력 법칙으로 체계화하는 것은 이성의 역할이다. 하지만 만유인력의 법칙도 일부 현상만을 체계화한 모델에 불과하다. 물자체는 이성의 능력을 최대한 발휘해 다가가려 해도 결코 도달할 수 없는 수평선과 같다. 즉 물자체는 감각 경험의 근원적인 한계를 보여주는 경계 표시라고 할 수 있다.

지성을 인도하는 '나침반'으로 활동하는 이성의 이러한 활동을 "통제적 사용"이라고 한다. 경험적 대상들을 탐구하는 것은 지성의 몫이고 이성은 지성이 체계적으로 잘 작동하도록 방향만 제시할 따름이다. 칸트에 따르면 이러한 이성의 통제적 사용은 다음 세 가지 원리를 기반으로 한다.[1)]

① 이성의 활동이 위로 향할 때는 최대한의 일반성에 도달하려고 한다. 하위 범주들이 하나의 상위 범주 즉, '고차의 유(類)'에 속할 때는 동일한 특성이 공유된다는 원리가 적용된다. 예를 들어 젖을 먹이거나 털을 가진다는 공통된 특성을 가진 동물들은 포유류라는 상위 범주로 묶을 수 있다[동질성]. ② 이성의 활동이 아래로 향할 때는

세부적인 분류를 통해 더 이상 나눌 수 없는 데까지 내려가 다양성을 추구하려 한다. '저차의 종(種)' 아래에서는 동일한 특성이 다양하게 나타난다는 원리가 적용된다. 예를 들어 사람들은 인류라는 종적인 특성을 공유하지만 개인별로 나타나는 개성은 각양각색이다[특수성]. ③ 동질성과 특수성에 따라 만들어지는 체계들에 연속성을 확보해 체계적 통일성을 완성한다[연속성].

3. 이념과 자유의지

칸트에 따르면, "전체는 결코 우리에게 주어지지 않으며 끊임없이 부과될 뿐이다. 모든 경험은 단편적 성격을 가지며 새로운 경험은 단편들을 더 큰 단편들에 더하는 것일 뿐, 하나의 완전한 전체에 더하는 것이 아니다. 전체란 마치 아이들이 언젠가 그 경계에 도달할 수 있다고 믿는 지평선과 같은 것이다."[2] 바꾸어 말하면 이성으로 경험의 단편들을 아무리 통합하더라도 결코 하나의 전체로 통합된 무제약자에 대한 인식을 얻을 수 없다는 것이다. 영혼 불멸, 신 등의 무제약자는 인식이라는 통로로는 도달할 수 없는 지평선과 같은 것이라서 경험적으로 그 존재를 증명할 수 없다.

그런데 사람들은 자꾸 이념의 대상들을 경험적 인식의 대상으로 접근하려 한다. 이렇게 되면 이념의 대상인 물자체와 개념의 대상인 현상 사이 경계가 불분명해진다. 이성과 지성의 구별도 의미를 상실한다. 칸트는 이와 같이 이념을 실체화하는 것을 이성의 "구성적 사용"이라고 한다. 데카르트는 '우리 안에서 실재하고 참인 모든 것이 완전하고 무한한 존재한테서 온다'라고 하며 영혼이 불멸하고 신이 "존재한다"라고 주장했다. 이렇게 이념을 사물화하는 것은 물자체의 속성과도 관련되기 때문에 어쩔 수 없기도 하다. 물자체는 존재하지 않는 것이 아니라 우리가 "알 수 없는 것"에 지나지 않기 때문이다.

칸트는 이 지점에서 다시 대전환을 시도한다. 칸트가 주장한 것은 물자체를 알 수 없다는 것뿐이었다. 칸트는 '무엇을 알 수 있느냐'와는 다른 차원을 도입한다. 그것은 '무엇을 해야 하느냐, 무엇을 희망할 수 있느냐'라는 차원이다. 우리가 살면서 행동으로 만들어가는 것은 어떤 일이 생길지 미리 알 수 없는 경우가 대부분이다. 시간이 지나 사후적으로 인식될 뿐이다. 즉 사람의 "자유의지"는 인식의 한계 내에 있지 않다. 인식이 존재하는 어떤 것을 마음에 떠올리게 만든다면, 실천은 마음먹은 것을 현실로 만든다. 세상을 변화시키는 자유의지는 일종의 이념이다.

칸트는 자유를 발판으로 삼아서, '어떠한 삶을 추구할 것인지, 궁극적 존재에 관해 어떠한 믿음을 가질 것인지'라는 초감성적 이념의 세계로 나아간다. "영혼 불멸, 신 등의 이념은 사변적 이성의 인식이 아니라 실천적 이성의 요청들이다. 칸트는 믿음을 위한 자리를 마련하기 위해 인식을 제한해야 했다."[3)]

02 들뢰즈의 새로운 모델

1. 새로운 인식모델이 나타난 배경

칸트가 구상한 사람의 인식모델은 사람의 의식 활동의 기본 구조와 핵심 구성요소를 잘 포착하지만, 빈틈이 없을 수 없다. 인식의 두 줄기인 감성과 지성을 상상력이 연결한다는 기본 골격부터 빈틈이 보이기 시작한다. 칸트 자신도 "감성과 지성이 아마도 하나의 공통의, 그러나 우리에게 알려지지 않은 뿌리로부터 생겨난 것으로 보인다."[4]라고 했다. '생각하는 나'가 모든 표상활동에 수반된다고 했지만, 미세 지각이나 습관적, 무의식적 인식이나 행동 등은 의식적 자각 안으로 포괄되지 않는다. 칸트는 상상력을 마음속의 숨겨진 기술이라고 하고, 판단력을 타고난 자질이라고 했는데, 이러한 인식활동이 의식적 자각 속으로 통합될 수 있는지도 의문이다. 지성의 개념활동과 이성의 이념 활동도 명확히 구분되지 않는다.

신칸트주의자인 마이몬(Salomon Maimon)은 개념과 직관을 대립시키는 칸트의 이분법을 넘어, 직관과 개념을 모두 지성에 귀속시키는 근본적 변화를 시도했다. 그는 지성 내부에 있는 공통의 원천으로부터 직관과 개념이 동시적으로 발생한다고 하며, 그 공통의 원천이 “미분적인 것”이라고 설명한다.5) 잘 알다시피 미분은 변수 x, y의 순간 변화량 dx, dy를 나타낸다. dx, dy 그 자체는 0에 무한히 수렴되는 값으로 미규정적이지만, 순간변화율 dx/dy는 값을 구할 수 있다. 마이몬에 따르면, 미분적인 것, 곧 dx, dy가 공통의 원천으로서 “지성 이념”이다. 이로부터 직관인 dx/dy가 발생하고, 동시에 개념인 미분방정식이 발생한다.

들뢰즈는 그의 저서 ‘차이와 반복’에서 마이몬의 이러한 이론구성을 일부 수용하고, 칸트의 ‘이념’, ‘숭고’ 개념 등도 참고하여 새로운 이론을 만든다. 들뢰즈의 새로운 이론은 자기의식이 아니라 “미규정적인 이념”에 기초를 둠으로써 개념의 제한에서 벗어나 감각의 고유한 차이를 포착하려고 한다. 들뢰즈에 따르면 『① 이념이 “감성적 차원 안에” 잠재해 있다가, ② 그 잠재적 역량이 탈바꿈하는 과정을 거쳐, ③ 마지막에 표면 위로 올라와 현실적 대상이 된다.』라고 한다.

이 구조는 ① 감성적 차원이라고 할 수 있는 데이터들에서, ② 그 속에 숨어 있는 패턴, 곧 잠재력을 포착해서, ③ 최종적으로 처리의 결과를 내놓는 기계학습의 과정과 매우 유사하다. 먼저 들뢰즈의 이론을 살펴보고 기계학습과 비교해 보기로 한다.

2. 1단계: 잠재적 역량의 형성

칸트가 파악한 이념의 본질은 "문제제기적"이다. 지성은 다양한 대상에 관해 참인지 거짓인지를 구성하지만 단편적이고 부분적인 지식만을 탐색할 수 있을 뿐이다. 그 대상 전체에 관해 체계적 통일성을 부여할 수 있는 어떤 "문제"를 포착하지는 못한다. 반면에 이성은 자신의 단독적인 능력만으로는 참과 거짓을 구별하지 못하지만 일련의 대상들과 관련된 지성의 활동들을 전체 안으로 통합할 수 있다. 칸트가 지적한 것처럼 이념의 대상은 허구나 가상이 아니다. 경험적 개념들은 이념이라는 경험 바깥의 초점으로 수렴되어 통합되기 때문이다. 칸트의 문제로서의 이념은 "객관적 가치"와 "미규정적 가치"를 동시에 지닌다. 따라서 이성의 통제적 사용은 "문제제기적"이다.

들뢰즈는 미분, 즉 dx, dy가 이념이라고 한다. 칸트의 이념이 수평선이라는 지향점에 영원히 나아가는 것처럼, dx, dy도 0을 향해 끊임없이 수렴하는 하나의 상징이다.

칸트에서 이념은 영원히 미규정 상태에 놓여 있지만, 들뢰즈는 미규정적인 dx와 dy가 서로 관계할 때 규정 가능성이 열린다고 본다. dx는 x에 대한 관계에서 볼 때, dy는 y에 대한 관계에서 볼 때 전적으로 미규정 상태에 있다[규정 가능성]. 하지만 dx와 dy는 서로 관계할 수 있다. dy/dx라는 상호적인 관계를 맺게 되면 실제로 규정 가능해진다. 이제 보편자는 어떤 무(無)가 아니다. 보편자의 비율적 관계들이 존재하기 때문이다[상호적 규정]. 나아가 dy/dx가 특정한 값을 가지고 되면 현실적으로 규정된다[문제의 완결된 규정].

들뢰즈는 이념이 미규정적인 것, 규정 가능한 것, 규정되는 것으로 나아간다고 하며, 이러한 과정을 "미분화"(différentiation)라고 한다. 즉 미규정적이던 이념은 미분화 과정을 거쳐 "잠재적 역량"을 갖추게 된다. 이때 두 가지가 갖추어지는데, 하나는 미분적 차이들 사이 비율적 관계인 "미분비"이고, 다른 하나는 이 관계들이 수렴, 발산, 우회하는 등의 "독특한 점"(또는 특이점)이다.

여기서 눈여겨볼 점은 칸트는 이념을 개념 위로 올려뒀지만, 들뢰즈는 이념을 감성 안에 놓아뒀다는 것이다. 들뢰즈는 이념적 사유를 감성적 차원 안에 내재하는 것으로 가져다 놓는다. 세상에는 사유하도록 강요하는 어떤 사태, 즉 문제제기적 이념은 마주침의 대상에서 시작된다. 그 사태는 소크라테스일 수도 있고, 감탄, 사랑, 증오 등 여러 가지 정서를 불러일으키는 것일 수도 있다. 그 사태가 무엇이든 마주침은 감각되는 것에서 시작된다.[6] 이념은 지평이나 초점이라는 자격에서 "이미 지각 속에서 활동"하고 있다. 들뢰즈는 이렇게 이념을 끌어안고 있는 감성적인 것을 "강도"(intensity)라고 한다.

3. 2단계: 강도가 이끌어가는 분화

"미분화"(différentiation)를 통해 만들어진 잠재적 역량[1단계]이 현실적 대상으로 탈바꿈하는 과정이 "분화"(différenciation)이다[2단계].

사람이 눈으로 봤을 때 고양이 눈과 코의 모양이 다르게 보인다. 그 눈과 코의 색깔도 다르게 보인다. 칸트는 이러한 차이를 지각하는 경험의 조건을 시간과 공간이라고 했다. 반면에 들뢰즈는 모든 경험의 배후에는 그것을 조건 짓는 "차이"가 있다고 하며, 그 차이의 형식을 "강도"라고 했다. 다시 말해 들뢰즈는 사람이 눈으로 고양이를 지각하는 것을 "강도적 차이"로 설명한다.

모든 강도는 적어도 두 개의 서로 다른 항 E−E´를 함축하고 있으며, 여기서 E는 다시 e−e´를 함축하는 식으로 계속 이어진다. 즉, 각각의 강도는 짝짓기이고, 이러한 이분화는 무한히 계속된다. 들뢰즈는 음(−)과 양(+)의 속성을 동시에 지니는 전기석이 칸트의 시간과 공간보다 현상의 조건에 더 가까이 있다고 본다. 즉 '차이 그 자체', 곧 강도가 현상의 "선험적 조건"이다.

사람이 감각자료를 직관해서 만들어내는 1차 표상, 즉 현상들은 공간에서 차지하는 크기인 "연장적 크기"(양)와 감각기관에 감지되는 정도인 "감각적 밀도"(질)로 구성된다. 예를 들어 고양이를 바라볼 때, 고양이 눈과 코의 형태는 공간에서 차지하는 크기와 공간에서 나타나는 모양으로 표현되는데 이를 연장적 크기라고 한다. 고양이 눈과 코의 색깔은 색깔의 종류와 농도로 표현되는데 이를 감각적 밀도라고 한다.

칸트에게 있어 현상의 선험적 조건은 "시간과 공간"이다. 반면에 들뢰즈에게 있어 현상의 선험적 조건은 "강도"다. 칸트의 시공간과 들뢰즈의 강도는 선험적 조건이라는 점에서 유사하다. 즉 선험적 조건인 강도, 즉 순수 강도는 감각기관으로 감각되는 것이 아니다.

하지만 칸트의 시공간과 들뢰즈의 강도는 다음과 같이 큰 차이를 보인다. 칸트에 따르면 현상은 시공간의 형식에 맞추어져 정리된다. 반면에 들뢰즈에 따르면 현상 안에 강도가 녹아들어 있다. 강도는 현상의 구성요소인 연장적 크기(양)와 감각적 밀도(질)를 만들고, 현상 속에 녹아 들어간다. 이때 양과 질은 이념의 잠재적 요소인 미분비와 특이점에서 비롯된다. 간단히 말해 강도는 현상(현실적 대상)에 내재하며 현상을 만들어내는 선험적 조건이다.

4. 3단계: 현실화

잠재적 역량은 강도적 차이들로 분화되고, 그렇게 태어난 강도적 차이들은 현실적 대상의 질적 성질과 양적 성질들을 낳는 직접적 원인이 된다. 잠재되어 있던 미분비는 사물의 질과 종으로(질적 성질), 특이점들은 연장과 부분들(양적 성질)로 현실화한다.

이렇게 분화된 현실적 세계가 계속 변화를 거듭하는 이유는, 현실 속에 잠재된 미분비와 특이점들이 부단히 변화하기 때문이다.

5. 인식능력들의 차이 회복

칸트는 취미 차원에서 상상력과 지성이 자유롭게 놀이하며 공통감을 형성한다고 했다. 반면에 숭고 차원에서는 상상력과 이성이 서로 맞서다가 나중에 화해한다고 했다. 즉 우리가 거대한 자연의 규모나 강력한 자연의 힘과 마주칠 때 그 규모나 힘이 우리의 상상력을 압도함으로 인해 거부감, 불쾌감부터 느낀다. 하지만 우리가 그 한계를 극복하고 이에 맞설 힘과 용기를 발견하게 되면 상상력과 이성이 화해하게 된다.

이에 대해 들뢰즈는 칸트가 숭고 속에서 역사상 처음으로 인식능력 사이 부조화에 의한 조화의 사례를 제시했다고 평가하며, 숭고에서 일어나는 인식능력 사이 부조화와 소통을 확대 적용한다.

문제제기적 이념은 마주침의 대상에서 시작된다. 즉 "오로지 감각밖에 될 수 없는 것"과 마주칠 때 어떤 문제를 설정하도록 강요받는다. 이때 감성, 상상력, 사유 능력 등의 인식능력들은 한계에 부딪히며, 인식능력들 사이 조화와 일치라는 공통감이 깨지기 시작한다. 그 과정에서 인식능력들의 새로운 모습이 드러난다.

인식능력들은 소통하면서 변신하되 공통감을 형성하지 않고 변별적 차이 관계에 놓이게 된다. 그와 동시에 '나는 생각한다'라는 의식의 통일성 안에서는 포착되지 않던 무의식의 역량도 회복된다. 표상 아래의 단계에서 이루어지는 비표상적, 무의식적, 비자발적인 감성의 활동을 끌어들인다. 그것은 개념의 규정성과 통일성이라는 느슨한 그물코 사이를 빠져나가던 물고기들도 잡아들인다.

6. 주사위 놀이와 독특성

문제제기적 이념의 기원은 무엇일까? 들뢰즈는 오로지 감각밖에 될 수 없는 것과 마주침의 "우연성"이 그 기원이라고 한다. "우연의 긍정"은 자의적인 것, 미리 합의된 것과 반대된다. 칸트의 문제제기적 이념이 "물자체를 알 수 없는 X"로 내버려 두었던 것과 같은 이치다. 들뢰즈는 우연의 긍정을 "주사위 놀이"에 비유한다. 주사위 놀이의 유일한 규칙은 던지기다. 각각의 주사위 놀이가 반복될 때, 각각의 놀이는 단번에 우연을 취한다.[7)]

현상의 구성요소인 질과 양은 이념의 잠재적 요소인 미분비와 독특성(특이점)에서 비롯된다. 주사위 놀이의 반복이 의미하는 것은 독특성들의 재취합이다. 독특성은 우연을 긍정한다. 이러한 독특성들은 같은 이념 안에서는 물론, 한 이념에서 다른 이념으로 이어지면서 서로를 재취합하고 응축한다.[8)]

저자는 이 부분이 들뢰즈의 저서 '차이와 반복'에서 핵심이라고 생각한다. 칸트가 '판단력비판'에서 말한 "인간 지성의 준칙"도 같은 취지일 것이다. 칸트는 사람의 정신활동에서 갖추어야 할 세 가지 준칙, 즉 '인간 지성의 준칙'을 다음과 같이 제시한다.[9)]

인간 지성의 준칙은 ① 스스로 사고하기(선입견 없는 사유) ② 모든 타자의 위치에서 사고하기(확장된 사유) ③ 항상 자기 자신과 일치하게 사고하기(일관된 사유)이다. 첫 번째 준칙인 스스로 사고하기와 관련하여, 모든 선입견 중 가장 큰 것이 미신이다. 미신은 우리를 맹목에 빠뜨린다. 맹목은 타자들로부터 인도받으려는 욕구에서 시작된다. 미신으로부터 해방되는 것이 계몽이다. 두 번째 준칙인 확장된 사유는, 판단의 주관적인 사적 조건들에서 벗어나는 것이다. 다른 사람들의 입장에 바꿔 서보는 보편적인 입장에서 자기 자신의 판단을 뒤돌아보는 것이다. 세 번째 준칙인 일관된 사유는 가장 도달하기 어려운 것이다. 앞선 두 준칙을 준수하며 능숙하게 된 후에라야 성취될 수 있다.

선입견 없이 스스로 사유하기는 우연성을 긍정하는 물음이고 문제제기다. 모든 타자의 위치에서 사유하기는 주사위 놀이의 반복적 실행을 통한 학습과 검증이다. 일관된 사유는 같은 것의 반복이 아니다. 독특성의 재취합으로서 자신 안에 보존된 개성을 찾아서 강력하고 창조적인 반복으로 나아가는 것이다.

03
들뢰즈의 드라마화와 기계학습

1. 강도와 디지털 데이터

휴대전화 카메라로 호수공원에 있던 고양이를 찍는다고 하자. 휴대전화의 렌즈는 고양이라는 물체에 비추어지는 빛을 감지해서 영상을 촬영하고, 그 영상은 픽셀(pixel) 단위의 디지털 데이터로 휴대전화에 저장된다. 사진 이미지를 이루는 가장 작은 단위는 픽셀이다. 어떤 사진이 60×40이라고 할 때는 가로 60개, 세로 40개의 픽셀로 이루어진 이미지를 의미한다. 즉 픽셀의 개수는 2,400개(60×40)이다. 흑백 사진은 각 픽셀의 밝기값을 0~255개 사이 값으로 표현한 이미지이다. 이 밝기값은 0과 1로 된 이진수로 전환된다.

들뢰즈의 강도는 현상 안에 내재한다. 또한 선험적 조건으로서의 강도는 감각기관으로 감각되는 것이 아니다. 이러한 들뢰즈의 강도 이론은, 입력 데이터를 디지털 데이터로 전환하는 컴퓨터 시스템의 데이터 처리와 매우 유사하다.

첫째, 강도는 다른 항 E－E′를 함축하는 차이 그 자체이다. 이것은 모든 데이터 구성과 처리를 0과 1의 이진수로 환원하는 컴퓨터 시스템과 거의 같다.

둘째, 강도는 모든 현상의 두 가지 구성 요소인 연장과 질을 만든다. 다시 말해 사람의 감각적 지각 속에 함유된 강도적 차이와 깊이로 현상의 연장과 질을 나타낸다. 이것은 컴퓨터 시스템이 모든 입력 데이터를 디지털 데이터로 구성하는 것과 거의 동일하다. 예를 들어 고양이 코와 입의 크기와 모양(연장), 색깔(질)은 256개의 픽셀의 개수와 픽셀값으로 모두 표현이 가능하다. 0과 1이라는 차이(강도적 차이)만으로 고양이 형상의 연장과 질을 전부 나타낼 수 있는 것이다.

물론 강도는 현실화 과정에서 끊임없이 생성되고 봉인되지만, 예로든 고양이 사진 픽셀은 고정된 값이라는 점에서 차이가 크다. 이 사진 픽셀은 봉인된 강도라고 할 수도 있다.

2. 들뢰즈의 드라마화와 칸트의 도식

들뢰즈가 말하는 "이념의 드라마화"란, 간단히 말해 『감각적 지각에 내재한 강도적 차이와 깊이가 현실적인 질과 연장으로 드러나는 역동적인 생성의 과정이다.』

강도적 차이와 깊이는 이념의 잠재적 역량인 미분비와 특이점에서 유래한다. 따라서 드라마화란 "미분비가 사물의 질과 종으로(질적 성질), 특이점이 연장과 부분들(양적 성질)로 현실화하는 과정이다."

라고 말할 수도 있다.

칸트는 직관과 개념의 연결을 도식으로 설명한다. 이에 대해 들뢰즈는 다음과 같이 말한다. "드라마화는 이미 칸트가 도식들이라고 불렀던 것이 아닐까? 도식이 계산에서 빼놓고 있는 것은 딱 하나인데, 그것은 역량이다... 역동성이 설정될 때, 그것도 개념들의 도식이 아니라 이념들의 드라마들로서 제기될 때 모든 것이 바뀌게 된다. 사실 역동성은 개념에 외부적이고 그런 자격에서는 도식이지만 이념에는 내부적이고 그런 자격에서는 드라마이기 때문이다."[10] "칸트의 도식이 범주들에 종속되지 않았다면, 자유롭게 날개를 펴고 자기 자신을 넘어서서 미분적 이념의 착상에까지 이르렀을 것이다."[11]

들뢰즈는 감각과 사유의 연결을 역동적인 드라마가 펼쳐지는 과정으로 설명한다. 다시 말해 직관 속에 잠재되어 있던(미분화) 어떤 것이 개념으로 현실화(분화)되는 진행 경과를 역동적인 변신의 과정으로 설명한다. 칸트의 도식론에 대해서는 그러한 발생 과정에 대한 설명이 부족하다고 지적한다.

저자는 칸트의 도식론과 기계학습의 작동 원리를 비교해 살펴보면서 양자의 메커니즘이 매우 비슷한 것을 발견할 수 있었다. 여기서 도달한 결론은 『칸트의 도식론도 역동적인 과정으로 설명될 수 있다』는 것이다.

앞서 설명한 바와 같이 지성에 의해 개념이 정립되면, 판단력은 직관이 개념에 부합되는지를 판단한다. 이 판단에서 도식이 활용된다. 도식은 고정된 형체로 나타나지 않고, 판단의 과정에서 유동적으로 변한다. 시행착오와 학습, 숙달과 연마를 밟으면서 도식을 수정해 가는 과정을 통해 판단력의 정확도가 높아짐으로써 감성과 지성의 일치가 이루어진다. 즉 판단력과 상상력은 상호작용하며 개념의 규정에 맞도록 도식을 조정한다.

도식을 그리는 상상력은 마음속 깊은 곳에 숨겨진 기술이다. 도식을 변형시키는 판단력은 천부적 재능이다. 이러한 상상력과 판단력의 상호작용은 들뢰즈의 강도와 마찬가지로 개념으로 포착되지 않는 잠재적 역량이라 할 수 있다. 즉 도식은 숨은 규칙성이다.

들뢰즈의 지적대로 도식은 개념과 다른 성질을 가지는 것이기 때문에 상상력이 지성의 지시에 따라 도식을 그린다는 것으로는 도식의 역량을 제대로 설명하기 어렵다. 지성 대신에 "판단력"을 도입하면 상상력과 판단력의 상호작용을 하며 개념의 규정에 맞도록 도식을 조정하는 역동적인 과정이 잘 설명된다.

3. 드라마화와 기계학습

(1) 미분

드라마화에서 판단력에 대응하는 것은 이념이다. 이념은 문제제기적인 것으로서 개념과 같이 정태적이고 고정적인 것이 아니다. 미규정적인 이념은 미분화를 통해 잠재적 역량을 갖추게 된다. 그 역량은 미분적 차이들 사이 "비율적 관계"(미분비)들과 이 관계들이 수렴, 발산, 우회하는 등의 "독특한 점"(특이점)들이다.

우연의 일치인지 모르겠으나, 기계학습의 일종인 딥러닝에서도 잠재된 패턴 찾기에서 핵심적인 역할을 맡는 것은 미분이다. 딥러닝은 입력 데이터에서 특성을 추출하여 그 특성에 변수를 곱하고, 다시 이를 더하는 방식으로 데이터 속에 있는 어떤 패턴을 찾아낸다. 그 패턴은 "편미분"을 쓰는 오차역전파법을 활용하여 정답을 맞힐 확률을 점점 높여나가는 방식으로 찾아낸다.

(2) 우연의 긍정

들뢰즈는 이념의 기원을 주사위 놀이에 둔다. 각각의 주사위 놀이가 반복될 때, 각각의 놀이는 단번에 우연을 취한다. 이것은 원래 같은 것의 결과로 차이나는 것이 아니다. 원래 차이나는 것의 결과로 같은 것이나 반복을 소유한다. 반복이 의미하는 것은 독특성들의 재취합이다.

기계학습도 미리 짜인 알고리즘(원래 같은 것)을 제각각의 데이터에 주입하는 것이 아니다. 제각각의 데이터를 학습하여 그 속에서 "반복되면서도 차이를 만들어내는" 숨은 패턴(독특성)을 재취합한다.

기계학습에서는 데이터 특성의 추출과 조합, 오차 수준 관리 등에 통계와 확률이 활용된다. 이것은 드라마화에서 미리 정해진 규칙 등 자의적인 것에 따르는 대신에 우연을 긍정하는 것에 대응한다.

(3) 학습

들뢰즈에 따르면, 이념은 앎의 요소가 아니라, 무한한 배움의 요소일 뿐이다. 수영을 배운다는 것은 자신의 고유한 신체의 독특성들을 다른 형태나 요소의 독특성들과 합성한다는 것을 의미한다. 이 다른 요소 때문에 우리는 사분오열의 상태에 빠지는 것이지만 그럼에도 이제까지는 알지도 듣지도 못했던 문제들의 세계에 진입하게 된다. 배운다는 것은 이념 안으로, 그 이념의 변이성과 독특성들 안으로 침투한다는 것이다.[12)]

이 독특성들이 기계학습을 통해 찾아내는 숨은 패턴이다. 독특성이 설명될 수 없는 어떤 것이듯이, 이 숨은 패턴도 정의될 수 없는 어떤 것이다. 오로지 배움의 과정을 통해 직감적으로 익숙해질 따름이다. 드라마화의 독특성과 기계학습의 패턴은 표면 아래에 잠재해 있으면서 재취합과 응축을 통해 변신을 거듭한다.

04
들뢰즈의 드라마화와 중용, 쇼펜하우어

1. 중용과 드라마화

저자는 서울에 있는 정동길에 자주 가는 편이다. 서울의 옛 모습과 역사적 유물이 잘 보존되어 있어서인지 서울만의 정취를 잘 느낄 수 있는 곳이다. 정동길에는 조선시대 4대 궁궐 중 하나인 덕수궁이 있다. 경복궁 등 다른 궁궐에는 전통적인 목조 건물만 있지만, 덕수궁에는 서양식 석조 건물들도 있다. 그래서인지 경복궁의 정전 이름이 '근정전'이라는 것은 꽤 알려졌지만, 덕수궁 정전의 이름이 '중화전'이라는 것을 아는 사람은 많지 않다. 중화전 옆에 있는 그리스 신전 같이 생긴 '석조전'이 더 유명하다. 저자도 덕수궁에서 '中和殿'이라고 적힌 현판을 여러 번 봤겠지만, '중화'(中和)가 유교의 경전 중 하나인 '중용'(中庸)에서 나오는 말인 것을 안 뒤에야 그 이름을 기억하게 되었다.

중화는 중용이 담고 있는 핵심적인 메시지 중 하나다. "기쁨, 분노, 슬픔, 즐거움의 감정이 아직 발현되지 않은 상태를 중(中)이라 일컫고, 그것이 발현되어 상황에 딱 들어맞는 것을 화(和)라 일컫는다. 중(中)은 천하의 큰 근본이고, 화(和)는 세상 사람들이 가야 할 바른 길이다. 중과 화를 잘 다스리면 천지가 바르게 자리 잡고 만물이 제대로 자라게 된다."13)

중용(中庸)에서 '중'(中)은 '아직 드러나지 않고 속에 있는 것, 잠재적인 것'이라는 뜻을 함축하고 있다. '용'(庸)은 '일상적이고 평범한 것'을 의미한다. 중용은 들뢰즈가 말하는 문제제기적 이념과 잘 들어맞는다. 드라마화에서 오로지 감각밖에 될 수 없는 것과 마주칠 때 감성은 자신의 고유한 한계까지 이르게 됨으로써 문제를 제기하도록 강요받는다. 중용에서도 미세해서 눈에 잘 드러나지 않는 것, 하찮아 보이는 것 속에 잠재된 가치에 주목할 것을 강조한다. 거목으로 성장할 작은 씨앗 속에 숨어 있는 잠재적 역량에 주목한다는 점에서 중용과 드라마화는 상통한다.

'화'(和)는 사소해 보이는 것의 의미와 중요성을 잘 파악하고 가꾸어야 한다는 의미를 담고 있다. 중용에서는 그 변화와 성장 과정을 좀 더 세밀하게 나눈다. 즉 성(誠), 형(形), 저(著), 명(明), 동(動), 변(變), 화(化)라는 7단계를 거쳐 변화가 일어난다고 한다. "① 성실함이 있으면 모양이 잡힌다(사물 내면의 바른 이치가 구체적으로 형상화된다). ② 모양이 잡히면 밖으로 드러나게 된다. ③ 드러나게 되면 밝아진다. ④ 밝아지면 움직인다. ⑤ 움직이면 변한다. ⑥ 변하면 화한다. 오직 천하의 지극한 정성이라야 능히 화할 수 있다. 성실함(誠)은 사물의 끝과 시작이니, 성실함이 없으면 어떤 것도 존재할 수 없다."[14)]

성(誠), 형(形), 저(著), 명(明)은 드라마화에서 규정 가능성, 상호적 규정, 문제의 완결된 규정의 순으로 잠재적 역량이 갖추어지는 것에 대응한다. 동(動), 변(變), 화(化)는 잠재적 역량이 강도적 차이들로 분화되어 현실적 대상의 질적 성질과 양적 성질을 낳는 것에 대응한다.

중용에서는 "군자의 도는 어두운 듯하나 갈수록 빛이 나고, 담박하나 싫증 나지 않고, 간결하나 멋이 있고, 따뜻하나 이치에 맞고, 멀리 감에 가까운 곳에서 시작함을 알고, 바람이 불어오면 어디서부터 오는지를 알고, 작은 것의 크게 드러남을 안다."[15)]라고 한다. 이 구절은 문인화의 특성을 그려낸 듯하다. 어둠과 밝음, 가까움과 멀리 있음 등은 강도적 차이를 연상시킨다. 담박하나 싫증 나지 않는 반복은 자신으로 복귀하되 자신의 반향을 만들어 하나가 되는 반복이다. 잠재적 역량은 겉으로 드러나지 않지만 간결함에 담긴 멋으로 느껴질 수 있다.

2. 쇼펜하우어의 예지적 성격과 들뢰즈의 잠재적 역량

쇼펜하우어는 사람이 각자 죽을 때까지 변하지 않는 본질적인 소질과 품행을 타고난다고 보며, 이를 "예지적 성격"이라고 한다. 그에 따르면, 사람의 모든 행위는 예지적 성격이 어느 정도 변화하면서 반복해서 발현된 것에 불과하다. 그런데 운명을 미리 알 수 없는 것과 마찬가지로, 우리는 예지적 성격을 선험적으로 통찰할 수 없고 경험을 통해 후험적으로 알 수 있을 뿐이다. 다시 말해 우리가 살아가면서 내리는 결정과 행위에 우리 자신을 비추어 봄으로써 우리 자신이 어떤 종류의 사람인지 알게 된다. 우리는 이 거울을 바라봄으로써 우리의 가장 내적인 자기, 즉 우리 "의지"의 핵심을 인식하게 된다. 쇼펜하우어가 말하는 예지적 성격은 작은 씨앗 속에 들어있는 잠재적 역량이라고 할 수 있다. 그것의 숨은 가치를 잘 파악해 주어진 상황에 들어맞게 발현하는 것은 '중화'(中和)라고도 할 수 있다. 쇼펜하우어는 '너 자신을 알라'에 주목해야 하는 이유를 다음과 같이 풀어낸다.

우리가 무엇을 의욕하는지, 무엇을 할 수 있는지는 미리 알 수 없다. 우리는 자신의 타고난 성격을 찾아 인생행로를 걸어가야 한다. 그 노력과 투쟁의 행로는 일직선을 긋는 것이 아니다. 고르지 않은 선을 그으며 흔들리고 회피하고 되돌아가며, 후회하고 고통을 맛본다. 이러한 시행착오를 겪는 것은 눈앞에 놓인 여러 갈래 길 중에서 무엇이 그에게만 적합하고 그가 무엇을 성취할 수 있는지, 그만이 향유할 수 있는 것이 무엇인지 아직 모르기 때문이다. 그는 타인의 처지나 상황을 부러워할지도 모르지만, 이것들은 그의 성격이 아닌 다른 사람들의 성격에만 맞을 뿐이다. 그가 자신의 본성을 거슬러 힘겹게 얻은 것은 그에게 아무 즐거움도 주지 못할 것이다. 남의 특성과 특색을 모방하는 것은 남의 옷을 입는 것보다 훨씬 치욕적이다. 그것은 자기 자신이 무가치하다는 판단을 스스로 표현한 셈이기 때문이다.[16)]

물고기는 물속에 있어야, 새는 공중에 있어야, 두더지는 땅속에 있어야만 행복한 것처럼, 모든 사람은 자신에게 알맞은 분위기에 있어야만 행복하다. 우리가 자신의 개성을 될 수 있는 한 완전하게 알게 되면 "획득된 성격"을 얻게 된다. 그것은 자신의 변화시킬 수 없는 성격적 특성에 관해, 자신의 정신적, 육체적 힘의 정도와 방향에 관해, 즉 자신의 개성의 전체적인 강약에 관해 추상적으로 분명히 아는 것이다. 우리의 "의지"를 알게 되면, 현재의 기분이나 인상의 일시적 영향에 현혹되지 않음으로써, 전체적으로 의지에 반하는 것을 결정하지는 않는다. 온갖 선택을 할 때 보편적 명제를 개별 사안에 적용해서 주저함이나 동요나 모순이 없이 즉각 결정에 이를 수 있다. 또한 우리의 강점과 약점을 완전하게 알게 되면, 우리가 갖고 있지 않은 힘을 보이려 하지 않을 것이고, 가짜 동전으로 도박하지 않을 것이다. 우리는 자신에게 기대할 수 있는 것을 알고 있기 때문에 고통을 피하거나 약화할 줄 알며 자기 자신에게 버림받지도 않을 것이다.17)

Chapter 05

시와 자기의식

01

자기의식과 자아

1. 데카르트와 칸트의 '생각하는 나'

데카르트는 "나는 생각한다. 그러므로 나는 존재한다."(cogito, ergo sum)라고 했다. 외부 세계 사물들의 현존은 의심스러우며 증명될 수 없지만, 내면적으로 '생각하는 나'의 존재는 더는 의심될 수 없이 확실하다는 것이다. 다시 말해 "감각들이 때때로 우리를 속이기 때문에 감각들이 우리에게 상상하게 만드는 어떤 것도 존재하지 않는다고 가정한다. 기하학의 가장 단순한 분야에서조차 거짓 추론을 하기 때문에 증명의 모든 근거들을 거짓이라고 가정한다. 마지막으로 내 정신 안으로 이제껏 들어온 적이 있었던 모든 것들은 내 꿈의 환영보다 더 진실한 것이 아니라고 가정한다. 그러나 모든 것이 거짓이라고 생각하고 있는 나 자체는 반드시 있어야 한다. 따라서 '나는 생각한다. 그러므로 나는 존재한다'는 철학의 제일 원리가 된다."[1]라고 데카르트는 말한다.

칸트의 인식모델에 따르면 ① '생각하는 나'의 밖에 있는 것을 지각하든지, 내 안에 기억되어 있던 것을 떠올리든지 해서 표상(데이터)의 형태로 만든 다음, ② 시간이라는 형식에 맞추어 표상을 모으고, ③ 그 표상 조각들을 체계적으로 '나는 생각한다'라는 자기의식(cogito)에 하나로 통합한다.

데카르트와 칸트는 인식의 대상 대신에 '생각하는 나'라는 자기의식, 즉 인식주체를 인식모델의 중심에 두었다. 나의 외부에 있는 사물은 그것을 인식하는 주체의 의식을 떠나서는 그 존재를 파악할 수 없다고 본 점에서 공통점이 있다.

데카르트는 의식 속에서 파악되는 바깥 대상들의 실체를 부정하지는 않았지만 그 존재를 증명할 수 없는 것으로 봤다. 또한 "생각하는 것" 자체를 단순한 관념이 아닌 어떤 실체로 파악했다. 즉 데카르트는 "내가 다른 사물들의 진리를 의심하는 것을 생각한다는 바로 그 자체에서 내가 존재한다는 것이 나왔다. 그러므로 내가 존재하기 위해서는 생각하는 것 외에 다른 것이 필요 없고, 물질적인 것에도 의존하지 않는다. 몸이 존재하지 않을지라도 영혼이 존재하지 않고는 못 배길 것이다."[2]라고 했다.

반면에 칸트는 의식 속에서 떠오르는 바깥 대상들은 인식 조건에 맞추어져 만들어진 표상이지만, 그 표상은 환상이나 꿈이 아니라고 한다. 선험적 관점에서는 나의 외부에 존재하는 대상은 표상으로 파악되지만, 경험적 관점에서는 현실적으로 존재한다고 본다. 오히려 영혼이 존재하는지를 증명할 수 없다고 봤다.

그리고 칸트는 '생각하는 나'라는 자기 "의식"(self-consciousness)과 '자아'라는 자기 "인식"(self-knowledge)을 분리해서 파악한다.

나는 오늘 아침 호수공원을 산책하면서 물이 언 것을 보고 밤새 날씨가 추워져 물이 얼었다고 생각한다고 하자. 이러한 생각이 가능하기 위해서는 어제 호수공원에서 물을 봤을 때의 '생각하는 나'와 오늘 얼음을 봤을 때의 '생각하는 나'가 같아야 한다. 즉 내가 생각한다고 함은 나의 모든 표상에 수반될 수 있어야 한다. 바꾸어 말하면 1차 표상 및 2차 표상 등 모든 표상의 형성 과정에는 하나의 의식작용인 "통각"(apperception)이 수반되어 있다. 통각은 표상활동, 곧 지각(perception)을 하나의 의식 아래 묶어주어 우리의 모든 경험과 인식이 '나'에게 속한다는 것을 보장한다. 날씨가 추워져 물이 얼었다고 생각하는 중에 나는 '이러한 생각을 하고 있는 나 자신'도 의식한다. 이때 의식되는 '생각하는 나' 그 자체는 표상들을 통합하는 의식의 작동 방식, 즉 통각일 뿐이고, 공간을 차지하는 경험적 실체가 아니다.

한편 나는 어제 호수공원을 걸으며 생각했고, 오늘 아침에도 호수공원을 걸으며 생각한다. 그렇게 걸으면서 생각하고 있는 나 자신의 모습이 의식 속에서 떠오른다. 그 모습, 곧 자아는 시간 중에 있는 하나의 현상으로 직관할 수 있다. 다만 나는 자아를 내 바깥에 있는 것으로 직관할 수 없고, 시간에 주어지는 것으로 나 자신의 내적 의식 상태를 직관한다. 자아는 머릿속에서 그리는 "자화상"이다.

2. 칸트의 두 번째 뒤집기

칸트의 관점은 다음과 같이 네 가지로 요약할 수 있다.

첫째, 직관된 현상들은 시간과 12개의 범주에 따라 정돈되고 '나는 생각한다'라는 자기의식에 하나로 통합된다. 이때의 '생각하는 나'는 매 순간을 현재, 과거, 미래로 나누어 시간의 종합을 수행하는 활동이지 현존하는 대상이 아니다. 따라서 '생각하는 나', 즉 '자기의식'은 직관의 대상이 아니다.

둘째, '자기 인식' 즉 자아는 직관의 대상이다. 우리는 자아를 시간 중에 있는 하나의 현상으로 직관할 수 있다. 자아는 시간 중에 있고 항상 변화한다.

셋째, 생각하는 나와 자아는 명확히 구분되지만, 동일한 하나의 주체에 속한다.

넷째, 자아를 시간 속에서 규정된 것으로 의식하는 것은 시간 규정의 조건인 내 바깥 사물의 존재와 필연적으로 결부되어 있다. 즉 나 자신이 존재한다는 의식은 동시에 내 바깥의 다른 사물의 존재를 직접 의식하는 것이다.[3] 내감(시간)에 의해서 확립된 나 자신의 현존재는 나 밖에 지속하는 어떤 것, 즉 외적 사물의 존재를 전제로 한다.

들뢰즈에 따르면 "시간은 단순히 운동을 측정하는 단위가 아니라, 운동하고 변화하는 모든 것의 선험적 형식이다."라고 한 것이 순수이성비판에서 찾아볼 수 있는 칸트의 첫 번째 위대한 뒤집기라고 한다. 그리고 생각하는 나와 자아의 구별을 순수이성비판에서 일으킨 또 다른 혁명이라고 평하며 다음과 같이 설명한다. "자아 자체는 시간 중에 있고 항상 변화한다. 그것은 수동적이거나 수용적인, 시간 가운데서 변화를 체험하는 자아이다. 다른 한편 생각하는 나는 계속해서 시간의 종합을 수행하는 활동이며 시간 속에서 일어나는 것을 종합하는 활동이다. 이 종합은 매 순간을 현재, 과거, 미래로 나눔으로써 수행된다. 시간 일반의 형식은 나의 활동과 이 활동이 귀속되는 자아를 구별한다. 그런데도 나는 단일하다. 생각하는 나와 자아는 시간에 의해 쪼개진 채로 함께 엮여 있다."[4]

3. 생각하는 나가 만들어 내는 도식인 자아

어린아이는 생후 6개월에서 18개월 사이에, 거울에 비친 자기의 모습을 보고 자신이라고 믿으며 자아 개념을 형성한다고 한다. 까마귀나 영리한 포유류도 거울에 비친 자기의 모습을 보고 자신을 알아챌 수 있다고 한다. 동물이 자아 관념을 가지고 있다면 시간관념도 어느 정도는 있다고 봐야 할 것이다. 자아 관념은 내적 직관으로 생기는데, 내적 직관이 가능해지려면 시간관념이 필수적이기 때문이다.

어린아이의 '생각하는 나'는 자아라는 새로운 관념을 발견했지만, 그것이 자아라는 일반적 개념에 해당한다고는 모를 것이다. 그래서 규칙 기반 판단이 아니다. 어린아이가 파악한 자신의 자아는 어느 순간 머릿속에서 뚜렷하게 그려지는 도식에 기반을 둔 인식, 즉 도식 기반 판단의 결과물일 것이다. 자아 곧 '나'라는 인식은 자아라는 개념으로 설명되거나 파악될 수 있는 것이 아니다. 생각하는 나는 거울 속에 비치는 자기 모습을 보고 마음속에서 상상력으로 자아라는 개념에 대응하는 도식을 그려낸다.

어린아이가 성장하면서 머릿속에서 그려내는 자아의 모습은 조금씩 변하겠지만, 자아라는 개념에 대응하는 도식은 유지된다. 자기 자신의 모습에 해당하는 도식은 상상력이 그리지만, 그 배후에는 지성의 통일작용, 즉 생각하는 나의 작용이 있다. 이렇게 생각하는 나와 자아는 단일한 주체 안에 엮여 있다.

02
AI가 자기의식, 자아를 가질 수 있는지

칸트에 의할 때 '생각하는 나'는 경험적으로 존재하는 실체가 아니다. '생각하는 나'는 시간 속에서 일어나는 직관된 현상들을 종합하는 활동이지, 직관의 대상이 아니다. 따라서 '생각하는 나'의 생물학적 구조, 즉 하드웨어를 해명하여 그것에 맞게 프로그래밍하기는 쉽지 않아 보인다. 그렇지만 자기의식의 실체를 과학적으로 해명할 필요 없이, 프로그래밍으로 자기의식을 짜는 방법도 있을 수 있다.

칸트의 인식모델에 따르면 우리는 감각기관으로 지각하거나 기억되어 있던 것을 떠올려 표상으로 만든 다음 그 표상의 조각들을 시간의 형식에 따라 모아 하나의 자기의식 속에서 통합한다. 이러한 표상 생성활동이 가능해지려면 이 활동을 이끌어갈 능동적인 메커니즘이 필요하다. 쇼펜하우어는 그 메커니즘을 "의지"라고 했고, 사람의 경우 신체를 통해 그 의지가 실현된다고 봤다. 쇼펜하우어에 따르면 모든 표상은 의지가 현상으로 가시화된 것이다. 사람은 몸을 가진 존재로서 몸을 통해 세계와 대면해야 한다. 사람이 눈과 귀, 촉각, 후각, 미각 등을 통해 전달받은 자료들이 없다면 정신활동도 일어날 수 가 없다.

자기의식, 자아, 의지를 이와 같이 파악할 때 프로그래밍으로 그것을 구현한다면 다음과 같은 것이 문제 될 것 같다. 물론 실제 구현은 이보다 훨씬 복잡하고 전문적일 것이다.

첫째, '생각하는 나'를 어떻게 프로그램으로 구현할지 문제된다. 수집하는 정보와 저장된 정보가 조합되어 새로운 정보를 형성한 후 다시 저장되는 생각의 연쇄가 하나의 자기의식 속에서 계속됨으로써 "시간에 기초한 정보의 통합"이 가능하도록 프로그램을 짜는 것이 필요하다. 이는 자신의 내면세계를 들여다보는 내적 직관을 구현하는 것이다.

둘째, 생각하는 나와 자아를 어떻게 단일한 주체 안에 담을지도 해결해야 할 문제로 남는다. 그런데 컴퓨터에 입력되고 처리되는 정보는 대상 세계와 현상이 내적 직관에 의해 연결되는 것이 아니다. 그런 점에서 컴퓨터에서 처리하는 정보는 경험에 기반을 두지 않는다. 실제로 존재하는지를 전제하지도 않는다. 하지만 나의 존재를 시간 속에서 규정된 것으로 의식하는 것, 즉 자아는 바깥 사물과의 상호작용을 전제로 한다. 결국 자아가 형성될 수 있으려면 사람의 신체와 유사한 기관이 필요할 것으로 보인다. 사람의 감각기관과 같이 바깥 정보를 실시간으로 정보처리장치로 전달하고, 그 정보처리 결과를 실행하는 기관이 필요하다. 그래야 시간 중에 있고 항상 변화하는 경험적 자아가 만들어질 수 있다. 어제의 내 경험과 오늘의 내 경험, 매 순간의 내 경험으로 이루어진 자아가 자기의식으로 통합될 수 있다.

셋째, 생각하는 나와 자아가 시간에 의해 쪼개진 채로 함께 엮여 있는 것을 프로그래밍으로 구현할 수 있다면, 그 프로그램은 자유의지를 가질 수도 있다. 생명체는 종과 개체의 유지라는 의지의 목표를 가지는데 이 프로그램이 어떤 의지의 주체가 될지는 예상하기 어렵다.

Chapter 06

자아의 초월과 기계학습

01
물리학자 라이트먼의 초월하는 뇌

1. 초월하는 뇌에서 나타나는 영성

"나는 밤늦게 작은 배를 타고 혼자 바다에 나갔다가 작은 섬에 있는 우리 집으로 돌아오고 있었다. 아주 맑은 날이었고, 밤하늘에 별빛이 가득했다. 나는 배에 누워 하늘을 바라보았다. 그렇게 몇 분이 흐르자 내 세상이 별이 총총히 빛나는 하늘 속으로 사라졌다. 배도 사라졌다. 내 몸도 사라졌다. 내 자아와 에고에 대한 인식도 사라졌다. 그리고 내가 무한으로 빠져드는 것을 느꼈다. 나는 별과 압도적인 연결의 유대감을 느꼈다. 마치 내가 별의 일부인 것 같았다. 그리고 내가 태어나지 않은 먼 과거부터 내가 죽은 다음에 계속해서 펼쳐질 미래까지 광활하게 펼쳐진 시간이 하나의 점으로 압축된 것처럼 느껴졌다. 별뿐만 아니라 모든 자연, 우주 전체와 연결된 듯했다. 나보다 훨씬 큰 무언가의 일부가 된 느낌이었다."[1)]

이 글은 물리학자인 라이트먼(Alan Lightman)이 자신의 저서 '초월하는 뇌'(The Transcendent Brain)에서 자신의 영적 체험을 쓴 것이다. 라이트먼은 자연, 우주, 타인과 연결된 느낌, 자신보다 큰 무언가의 일부가 된 느낌, 아름다움에 대한 공감, 경외감, 창의적인 초월 경험 등을 “영성”(spirituality)이라고 한다. 이 중 창의적인 초월 경험은 예술작품을 창작하거나 새로운 과학적 발견을 하거나 순수한 바라봄의 상태에 빠져있을 때 느껴지는 감정을 말한다. 영성은 이념의 일종이다. 라이트먼이 언급한 영성의 예들은 그에 적합한 어떤 직관도 가지지 않는 개념인 이성적 이념 또는 그에 적합한 어떤 개념도 가지지 않는 직관인 미감적 이념에 해당한다.

라이트먼은 의식이 물질적인 뇌에서 생겨났다고 굳게 믿는다. 뉴런과 신경계가 의식, 자기 인식, 상상, 지능 같은 현상들을 만들 수 있다고 확신한다. 의식이 물질적인 뇌와 신경계에 뿌리를 두고 있다는 “정신의 물질성”은 현대 신경과학에서 충분히 입증된다고 보기 때문이다. 현대 과학의 관점에서 보면, 모든 정신적 감각은 물질로 이루어진 신경계의 뉴런과 그들 사이에 일어나는 전기적, 화학적 상호작용에 뿌리를 두고 있다.

라이트먼은 우리가 세상에 대해 직접 알 수 있는 것은 감각적 지각과 생각을 통한 것밖에 없다고 본다. 즉 우리가 바깥세상과 접촉하며 보고 듣고 느낀 감각 자료를 신경계에서 처리하여 생각으로 추론한다는 것이다. 물질이 아닌 영혼이 존재하는지에 대해서는 알 수 없다는 입장이다.

칸트는 이념을 통일의 방향을 제시하는 어떤 문제제기라고 봤고, 들뢰즈는 이념이 감각에 잠재되어 있다가 현실화한다고 봤다. 그러면 라이트먼은 자신이 체험하기도 한 영성을 어떻게 볼까? 라이트먼은 영성을 장엄하고 독특한 "의식적 경험"으로 본다. 다른 의식 현상과 마찬가지로 영성도 신경계에 들어있는 물질적인 뉴런에서 불러일으켜지는 영적인 느낌이라는 것이다. 다만 신경과학으로 영성을 입증하기는 쉽지 않고, 호모 사피엔스는 자연선택이라는 진화 과정에서 장엄하고 독특한 고도의 지적능력을 지니게 됐을 거로 추측한다.[2] 영성의 출현 원동력은 자연과의 원초적인 친화력, 협동에 대한 근본적인 욕구, 임박한 죽음에 대한 인식에 대처하기 위한 수단 등 생물학적이며 심리학적인 것에서도 찾을 수 있다고 본다. 초월하는 뇌에서 영성이 출현한다는 그의 이론에다가 저자의 견해를 보태어 다음과 같이 재구성해 본다.[3]

2. 영적 초월

(1) 사람은 진화의 역사 중 대부분의 시간을 호수, 나무, 흙 등 자연환경과 밀착해서 살아왔고, 주변 자연에 주의를 기울이는 것이 분명히 생존에 이로웠을 것이다. 영성의 요소들은 직접적으로 생명체에 생존상 이점을 가져다주는 것은 아니지만, 생존에 실질적인 이점을 주는 다른 특성에 따라오는 부산물인 경우가 많다. 자연의 소리, 풍경, 냄새에 대한 민감성은 생존상 이점과 직결되기도 하지만, 감수성과 느낌을 불러일으키기도 한다. 칸트는 즐거움의 느낌에서

취미가 나오고, 두려움의 감정에서 숭고가 나온다고 한다. 아름다움 및 숭고와 관련된 우리의 영적인 느낌에는 험난하고 고된 생존의 모험 과정에서 우리가 체험하는 희로애락이 담겨 있다. 또한 그 속에서는 육체적, 정신적 한계와 생존의 고통을 초월하려는 용기와 희망이 담겨 있다.

태고적부터 자연선택의 과정을 거쳐 내려오는 자연에 대한 친밀감 또는 두려움의 감수성은 오늘날에도 분명히 우리 DNA의 일부로 자리 잡고 있다. 도시의 콘크리트 건물에서 벗어나 자연으로 돌아가 밤하늘에 뜬 별들을 바라볼 때 우리는 내면 깊숙한 곳에 있는 무언가를 다시 만난다. 이것은 우리의 뇌 속에 각인되어 있다. 시를 쓰는 능력은 명확하게 드러나는 진화적 이점, 곧 자연선택의 힘은 없지만, 소리와 리듬에 대한 감수성에서 비롯된 부산물일지 모른다.

(2) 진화의 힘이 우리에게 자연과 깊이 연결되어 있다는 유대감을 심어주었듯이 타인과 연결되어 있다는 유대감도 심어준다. 초기 수렵채집 사회에서 집단의 구성원들은 자신의 생존을 서로에게 크게 의존했다. 사람이 가진 적응 전략 중 하나는 협력적인 사회 집단 속에 사는 것이다. 그래서 우리가 자연과 맺는 관계와 사람과 맺는 관계 사이에는 명확한 심리적 유사성이 있다. 협동이 자기 자신보다 타인에게 직접적인 이익을 가져다주기 때문에 잠재적으로 비용이 많이 들어가는 행동이지만, 동물계에 널리 퍼져 있다. 자연이나 타인과 연결되고 싶은 소속감은 사람의 육체적, 심리적 현실을 더욱 정확하게 이해할 수 있게 해줄 뿐 아니라, 정신 건강상의 이점도 가져온다. 사

람에게 가장 힘든 경험 중의 하나가 외로움이다.

모르는 것을 직면했을 때 자신을 보호하고 싶은 욕구, 자신의 아이를 사랑하고 보살피려는 열망, 성적 매력 같은 우리의 1차적 본능 중에는 생존 전략과 자연선택의 힘에서 비롯된 것이 많다. 그리고 그 욕구의 대부분은 가족과 공동체 구성원으로서 집단생활에서 충족되고 문화의 발달로 이어진다. 그와 동시에 사람의 내면에서도 현재에 충실한 감각적 지각들을 밀어내고 걱정거리와 회한으로 가득한 2차 표상들이 의식 세계를 압도하기 시작한다.

이해타산적 사고에서 벗어나 관조적 태도로 자연과 세상을 바라볼 때 마음속에서 망각된 생명감이 되살아나고 아름다움이라는 보편적 공감을 느낄 수 있다. 순수하게 바라보는 상태를 경험하는 동안 내려놓음이 찾아온다. 적어도 잠시 우리는 걱정을 잊고, 세상의 끝없는 분주함과 번잡함을 뒤로 한다. 우리가 하는 일에 과도하게 집착하기 때문에 생기는 고통에서도 어느 정도 벗어난다.

창의적 초월 경험을 할 때 우리는 자신 너머의 세상과 우리 정신의 세계를 안팎으로 탐험한다. 표상들에 포위되어 있는 자기의식, 곧 에고를 더 넓은 세계를 향해 개방함으로써 자기보다 더 큰 무언가와 연결되는 초월적 몰입을 경험한다. 타인 그리고 더 큰 우주와 연결되려는 우리의 욕망 뒤에는 개인의 죽음과 육체의 한계를 초월하려는 열망이 반영되어 있다. 경계가 없는 무한한 것에 대한 느낌, 떼어놓을 수 없는 유대의 느낌, 외부 세계와 하나가 된 듯한 느낌이 그것이다.

(3) 예술창작, 과학적 발견, 신제품 출시, 역사적 업적 달성 등의 창의적 초월은 진화의 뿌리는 다를 수 있지만 새로운 사냥터, 식수원, 식량 공급원 등을 찾는 탐험과 발견에 대한 충동이 낳은 부산물일 수 있다. 우리는 일상에서도 집 꾸미기부터 피아노 연주, 마케팅 계획 수립에 이르기까지 창의적 초월을 경험한다. 신비로운 미지의 세계는 우리의 지적 호기심과 창의성을 자극한다. 창조적 초월은 이전에는 없었던 것을 존재하게 하는 것이다. 그것은 유한성을 극복하고 자신보다 더 큰 무언가의 일부가 되려는 에로스의 열망이다. 독창적인 명작과 불멸의 업적을 출산하여 사람들 사이에서 영원히 기억되기를 희망한다.

02
쇼펜하우어의 의지와 표상으로서의 세계

1. 의지의 단일성

'의식은 물질적인 뇌에서 출현한 것이다. 인류가 진화의 과정을 거쳐 의식이 고도로 발전함에 따라 영성도 따라 나왔다. 영성은 의식과 자아의 한계를 초월하는 자연, 타인과 연결된 느낌, 창조적 초월의 욕구 등이다.'로 요약되는 라이트먼의 이론은 쇼펜하우어의 철학과 매우 닮았다. 쇼펜하우어는 생명체가 양분을 찾아다니다가 의식이라는 등불을 달게 됨으로써, 그때부터 표상으로서의 세계가 탄생하였다고 한다. 데카르트가 '나는 생각한다. 그러므로 나는 존재한다.'라고 했던 의식, 곧 표상은 그 자체로 존재하는 것이 아니라 세상을 비추는 등불에 불과하다. 표상을 탄생시킨 것 뒤에는 생존을 위해 먹이를 찾아 나선 생명체의 진화와 자연선택의 원동력, 즉 의지가 있다. 영성은 이러한 의지를 관조하는 것이다.

에머슨(Ralph Waldo Emerson)은 '자연에 관하여'에서 사람을 비롯한 자연 만물의 하나 됨을 표현했다. “자연은 온갖 기교에도 불구하고 우주의 시작부터 끝까지 너무도 빈곤해서 오직 한 가지의 재료밖에 가진 것이 없다. 하지만 두 개의 끝을 가진 하나의 재료로 그 모든 꿈같은 다양성을 만들어낸다. 자연이 그 재료를 어찌 구성하든지 간에 별, 모래, 불, 물, 나무, 사람은 여전히 한 가지 재료이며 동일한 속성을 드러낸다.”[4)]

쇼펜하우어가 말하는 의지도 ‘자연을 구성하는 한 가지 재료, 동일한 속성’이라고 할 수 있다. 그의 의지는 우리가 통상적으로 쓰듯이 무엇을 이루고자 하는 욕구, 노력, 추진력 등만을 의미하는 게 아니다. 식물은 광합성으로, 동물은 사냥으로 양분을 섭취해 몸체를 유지하고 번식을 통해 종족을 보존한다. 이러한 유기체의 생명력이 의지다. 그뿐만 아니라 나침반을 북쪽으로 향하게 하는 자력, 지구와 태양이 서로 끌어당기는 중력, 수정과 같은 광물이 결정체를 만드는 힘 등 무기물에서 작용하는 자연력도 의지에 속한다.

유기체는 외부 환경과 분리된 몸과 몸의 기능 유지를 위한 기관을 갖추어 생명력을 유지한다. 무기적 자연 속에도 물리적인 법칙에 따라 작용하는 자연력이 있다. 쇼펜하우어는 자연력과 생명력을 다른 것으로 보지 않는다. 자연 속에서 작용하고 영향을 미치는 모든 힘의 본질이 같다고 보며, 그 모든 힘을 의지라는 하나의 개념으로 묶었다. 그는 “의지는 하나다.”라고 했다.

주의할 점은 의지는 물리학에서 말하는 에너지와 다르다는 것이다. 물리학에서 등장하는 다양한 형태의 에너지는 물질 입자에 의해 생성된다. 물리학에 따르면 모든 형태의 에너지는 공간을 차지하고 있으며 주어진 공간에서의 에너지 양은 측정을 통해 수량화할 수 있다. 물리학자가 말하는 에너지는 물질세계의 일부이다. 반면에 쇼펜하우어의 의지는 물질적인 에너지가 아니라서 시공간 안에서 인식될 수 없다.

2. 의지의 잠재성, 의지의 객관화

의지는 물질이 아니기 때문에 그 자체만 떼어내어 파악될 수 없고, 항상 사물 속에서만 자신을 드러낸다. 식물이 중력을 이겨내고 뿌리를 통해 물을 흡수해서 줄기로 보내는 것은 자극에 의한 움직임이다. 동물이 음식을 소화하거나 호흡하는 것도 자극이나 본능에 의한 행동이다. 동물은 의식을 가지고 있으므로 동기에 따라 행동할 수도 있다. 자연 속에서 작용하는 힘은 식물이나 동물처럼 기관을 가지고 있지 않기 때문에, 자극에 대한 감수성이나 동기에 따라 움직이지는 않는다. 쇼펜하우어는 이렇게 의지가 다양한 현상 속에서 움직임이나 행동 등으로 드러나는 것을 "의지의 객관화"라고 표현했다.

칸트는 현상의 배후에 있는 사물 그 자체가 무엇인지 알 수 없다고 했는데, 쇼펜하우어는 의지를 사물 그 자체로 봤다. 그래서 의지는 개념으로 파악될 수 없는 이념적인 것이다. 쇼펜하우어의 독창성은 의지가 사물 안에 내재하면서 현실화한다고 본 것이다. 즉 의지와 현상은 따로따로 있는 것이 아니다. 의지는 사물 속에 잠재해 있다가 '의지가 객관화'될 때 각각의 개체 속에서 그 모습을 현실적으로 드러낸다. 또한 그는 식물, 동물, 무기물에서 나타나는 의지는 서로 다른 것이 아니라 하나의 의지에서 나왔다고 본다. 자연에 잠재해 있는 근원적인 힘인 의지는 하나라는 것이다. 이런 관점을 취하면 세상에 존재하는 모든 것은 단일한 의지로 서로 연결된 것이 된다.

쇼펜하우어에 따르면, 현상은 한없이 다양하지만 사물 그 자체인 의지는 단일하다. 의지는 하나뿐이지만 다양한 개체 속에 의지가 객관화될 때는 여러 단계를 거치게 된다. 흙보다는 식물이, 식물보다는 동물이 객관화의 정도가 높다고 말한다. 중력과 같은 자연력은 의지의 객관화가 가장 저차원적으로 이루어진 것이다. 의지가 저차원적으로 객관화된다는 것은 의지의 성질이 잘 드러나지 않는다는 것을 의미한다. 식물에서 의지는 목표도 없이 생존하기 위한 맹목적인 충동으로만 나타난다. 사람에서 의지는 명확한 목적과 분별력 있는 실행으로 나타남으로써 의지의 속성이 잘 드러난다.

의지의 객관화가 저차원적일수록 의지는 개별적 차이 없이 단순하게 나타나고, 차원이 높아짐에 따라 개별적 성격이 더 강해진다. 하등 동물일수록 자신이 속한 종이 가지는 본능에 따라 행동하는 경향이 강하다. 고등 동물일수록 종에 속한 일반적 특성 외에도 개체만의 개성을 드러내며 행동한다. 사람은 자신만의 고유한 개성과 자유의지에 따라 의지를 드러낼 수 있다. 개미들은 개성의 차이 없이 행동하지만, 사람들의 행동양식은 제각각이고 엉뚱한 행동을 하는 사람들도 많다.

3. 의식의 탄생, 표상으로서의 세계

쇼펜하우어는 의식의 발생을 의지의 객관화 과정으로 설명한다. 동물이 단순히 자극에 따라 수동적으로 반응하는 단계를 넘어 먹이를 스스로 찾아나서는 단계에 이르러 의식이 발생했다는 것이다. 의식은 동기에 따른 운동이라는 의지의 객관화 단계에서 필요한 보조 수단이다. 이러한 의지의 실현을 위해 뇌와 신경계라는 기관이 조직화됨으로써, 그 신체 기관에서 의식이 발생하게 된다.

의식이 태어나기 전까지 세계는 의지로만 이루어졌지만 이제 세계는 의지이기도 하고 표상이기도 하다. 동물은 현재에 매여 있는 직관적인 1차 표상만 가지고 있다. 개념적이고 추상적인 2차 표상이 없으므로 동물이 인식하는 표상으로서의 세계는 감각기관에서 전달받아 뇌에서 생성하고 기억하는 이미지로만 채워진다. 반면에 사람이 인식하는 표상으로서의 세계에서는 직관적 인식에 이성적 인식의 힘이 더해져 직관적 이미지를 과거, 현재, 미래로 분별하여 숙고한다. 그에 따라 의지도 동물과는 다른 방식으로 객관화된다. 사전에 숙고해서 사태를 분석한 후 결정하고 의사를 실현함으로써 동기와 의지가 다른 단계보다 명확하게 드러난다. 아무튼 인식은 직관적이든 이성적이든 원래 의지 자체에서 생겨나고, 개체와 종을 유지하기 위한 보조 수단이다. 표상으로서의 세계가 따로 있고 의지로서의 세계가 따로 있는 것이 아니다. 세계는 표상이고 세계의 근원은 의지다. 의지의 세계는 그 자체로 경험될 수 없고 의지가 드러난 표상의 세계로만 경험된다. 쇼펜하우어가 말한 "의지와 표상으로서의 세계"는 한마디로, "의지가 표상으로 드러나는 세계"다.

4. 맹목적인 의지와 고통

칸트는 사물 그 자체를 인식할 수 없지만 이념으로 개념들을 통합해 가는 과정을 통해 하나의 정점에 다가갈 수는 있다고 봤다. 이에 비춰볼 때 칸트는 사물 그 자체가 통일된 체계를 이루고 있을 것으로 어림잡은 것 같다. 반면에 쇼펜하우어는 사물 그 자체의 모습과 속성에 대해 분명하게 자신의 관점을 제시한다. ① 사물 그 자체는 의지다. ② 의지는 하나다. ③ 의지는 모든 사물에 내재해 있으면서 현실화(객관화)한다. ④ 의지는 맹목적이다.

쇼펜하우어가 말하는 의지는 예측할 수 없는 방식으로 드러나고 전혀 합리적이지 않다. 세계는 맹목적인 의지가 드러나는 것이기 때문에 비이성적이다. 의지가 현상으로 자기 모습을 드러낼 때는 시간과 공간, 인과관계 등에 의해 제약되지만, 의지 그 자체는 이러한 현상의 조건에 제약되지 않는다. 의지의 모습을 파악할 수도 없다.

맹목적인 의지는 물질을 차지하려는 자연력과 생명력들의 끊임없는 싸움터에서 객관화된다. 식물은 자연이 제공하는 한정된 토양과 기후에 잘 적응하며 생존하기 위해, 동물은 먹이를 구하기 쉽고 적의 침입으로부터 안전한 자연의 보금자리를 차지하기 위해 서로 다툴 수밖에 없다.

의식을 가지고 태어난 동물과 사람들은 자신과 집단의 현존을 위해 날마다 과해지는 요구에 시달리고, 사방에 도사리고 있는 위험을 피하기 위해 긴장을 늦추지 않아야 한다. 더군다나 사람은 동물과 달리 아직 다가오지 않은 미래의 걱정거리도 안고 살아가야 한다. 사람은 의지 객관화에서 가장 위에 있는 존재이지만 가장 결핍된 존재이기도 하다. 궁핍과 곤궁, 위협에서 벗어나려는 노력이나 욕망이 좌절되거나 욕구가 충족되지 않으면, 즉 의지가 저지되면 고통과 고뇌가 찾아온다. 대신에 욕망이 충족되고 안녕이 보장되면 행복을 얻는다.

그러나 욕구 충족과 목표 달성은 새로운 소망과 노력의 출발점을 의미할 뿐이다. 가장 결핍된 존재로서 무수한 욕망의 덩어리를 품고 살아가는 사람의 갈증 해소는 일시적일 뿐이다. 하나의 목표를 달성해도 생사를 둘러싼 투쟁과 욕망의 충돌은 계속된다. 다시 새로운 요구가 과해지고 암초를 피해 다녀야 하는 의지의 고역, 행복을 얻기 위한 몸부림이 시작된다. 삶의 유지를 위한 근심에서 어느 정도 벗어나더라도 고통은 질투, 부러움, 증오, 불안, 명예욕, 금전욕, 질병 등의 다른 모습으로 달라붙는다. 게다가 근심거리가 없어지고 평화와 휴식이 잠시 찾아오더라도 서서히 싫증, 공허감, 무료함이라는 권태의 늪에 빠지게 된다.

5. 쇼펜하우어의 이념, 무(無)

무기물에서 고차원적인 생명체에 이르기까지 맹목적인 의지가 그 모습을 드러낼 때 이 세계는 갈등과 충돌에 휩싸이게 된다. 생명체는 물질을 둘러싼 투쟁의 소용돌이 속에서 고통을 느끼게 되고, 객관화 단계의 위쪽에 위치할수록 육체적 고통과 정신적 고뇌를 더 많이 받게 된다. 쇼펜하우어는 의지의 이러한 본질을 냉정하고 적나라하게 직시할 것을 강조하면서도 의지의 지배에서 벗어날 수 있는 길도 열어둔다. 사람은 자신의 눈을 가리고 있는 기만의 베일을 벗겨내고 자신이 알고 있던 세계가 표상에 불과하다는 것을 관조할 수 있다. 의지는 맹목적으로 작용할 뿐이고 표상은 그러한 의지가 드러나는 것에 불과하다는 것을 자각하게 되면 욕망과 분노, 두려움과 슬픔을 가라앉히고 세계를 차분히 바라볼 수 있다. 의지가 하나라는 것을 직관하게 되면 자아와 타인, 사물의 구분, 곧 표상적인 구분이 흐릿해진다. 표상이라는 껍데기를 벗겨 내면 개념의 시각으로 바라보던 세계가 시간과 공간, 인과율의 제약에서 벗어난 '이념'의 시각으로 보이기 시작한다.

쇼펜하우어에게 이념은 다양한 표상들 뒤에 잠재해 있는 의지와 직접적으로 만날 수 있는 통로이다. 즉 이념의 파악은 의지의 세계로 나아가는 관문이다. 쇼펜하우어는 이념을 직관할 때 펼쳐지는 광경을 다음과 같이 묘사한다. "나의 의식이 의지에 봉사하는 데서 벗어나 내 앞에 주어진 사물을 깊이 관조하며 몰입하기 시작한다. 풍경, 암석, 건물이나 그 외 무엇이 주어지더라도 어디, 언제, 왜가 아니라 오로지 그 무엇에만 조용히 빠져듦으로써 의식 전체가 채워진다. 이렇게 사람들이 대상에 전적으로 빠져들게 되면, 개별적인 사물의 모습이 아닌 이념이라는 영원한 형식과 우연히 마주치게 된다. 자신과 대상의 구분이 사라지며 의지와 고통이 없이 시간을 초월한 순수한 존재가 된다."5)

쇼펜하우어는 이러한 이념이 아름다움과 예술을 통해 그 모습을 드러낸다고 한다. 예술은 시공을 초월한 이념의 세계를 보여줌으로써 잠시나마 위안과 평온을 가져다준다. 마음을 차분히 해서 표상으로 드러나는 세계를 의지와 떼어놓고 무심하게 관조할 때, 나와 타인, 우주가 연결된 듯한 이념의 세계와 은밀하게 만날 수 있다.

쇼펜하우어는 예술에서 "의지의 부정"과 마주칠 수 있지만 그것은 일시적인 것에 그친다고 한다. 그가 말하는 영속적인 의지의 부정은 언어의 표현을 넘어서는 영역일 것이다. 즉 의지의 부정은 추상적인 개념이 아닌 행위와 품행, 인생행로에서만 완전하게 표현된다고 한다. 그는 "의지가 완전히 없어진 뒤에 남는 것은 무(無)에 지나지 않는다."라고 하며 다음과 같이 결론짓는다.

"우리는 세계의 본질 자체를 의지로, 세계의 모든 현상을 의지의 객관성으로 인식하고, 이 객관성을 어두컴컴한 자연력의 인식 없는 충동으로부터 인간의 가장 의식적인 행동에 이르기까지 추구해 왔다. 다음과 같은 결론을 결코 회피하지 않는다. 즉, 의지의 자유로운 부정이나 포기와 함께 이 모든 현상도 이제 없어진다. 이 세계를 성립시키고 존립시키며 객관성의 모든 단계에 나타나는 목표도 휴식도 없는 계속된 소동과 혼잡이 없어진다. 단계적으로 이어지는 여러 형식의 다양성이 없어지고, 의지와 더불어 그 전체 현상이 없어진다. 최종적으로 이 현상의 일반적 형식인 시간과 공간도, 또한 그 현상의 궁극적인 기본 형식인 주관도 객관도 없어진다. 즉, 의지가 없으면 표상도 세계도 없다. 물론 우리 앞에 남는 것은 무(無)밖에 없게 된다."[6)]

03
기계학습 연구자 밸리언트의 에코리즘

1. 학습과 진화, 에코리즘

어떤 원숭이 종이 숲속에 살고 있다. 그들이 먹는 것은 바나나(x1), 베리(x2), 오렌지(x3), 혹은 사과(x4)라는 네 가지 종류뿐이다. 언젠가부터 베리의 맛이 고약해지자, 원숭이들은 베리 먹는 것을 꺼리기 시작했다. 즉 학습의 결과 먹이의 종류가 x1 또는 x3 또는 x4로 바뀌게 되었다. 세월이 흘러 새로 출현한 베리에 독성이 생겼다. 그 독성이 강해 하나만 먹어도 죽을 수 있다. 원숭이들이 독성 베리를 먹지 않는 것을 학습한 다음, 더 나아가 본능적으로 독성 베리를 피하도록 진화하는 것이 가능할까? 다윈(Charles Darwin)의 대답은 학습과 정확히 같지는 않지만 결국은 그렇게 된다는 것이다.

어떤 원숭이가 독성 베리를 먹고 죽는다고 해서 그 원숭이 자손의 유전체가 곧바로 바뀌는 것은 아니다. 유전체 돌연변이가 생겨 죽은 원숭이 유전체와는 다른 먹이 조합이 다양한 자손들에게 만들어진다. 예를 들어 어떤 것은 "x1 또는 x2 또는 x4"이고 어떤 것은 "x1 또는 x3 또는 x4"이다. 운 좋게 "x1 또는 x3 또는 x4" 조합을 선택하는 것으로 변이된 유전체를 가진 후손들만 살아남게 된다. 이렇게 다윈의 진화 과정은 학습과 같은 결과를 가지게 된다.[7)]

기계학습 연구자인 밸리언트(Leslie Valiant)에 따르면, 생명체들이 어려움을 헤쳐나가는 다채로운 방법은 환경으로부터 학습한 결과이고, 이러한 학습을 통해 개별 개체를 넘어 유전 변형을 통해서 여러 세대를 거쳐 진화한다. 그는 생명체들이 어떻게 복잡한 세상을 잘 헤쳐가는지, 어떻게 그런 능력을 갖추게 된 것인지에 대해, 컴퓨터과학 법칙으로 설명할 수 있다고 보며, "에코리즘"(ecorithm)을 주장한다. 에코리즘(ecorithm)은 에코(eco)와 알고리즘(algorithm)의 합성어다. 그 주요 내용은 다음과 같다.

자연에서 일어나는 학습 현상은 알고리즘, 즉 수학적 모델로 정의될 수 있으며, 이를 "PAC 모델"이라고 칭한다. PAC는 probably approximately correct의 약자이고 '얼추 거의 맞기'로 번역된다.

첫째, PAC 모델은 학습 과정을 계산 과정으로 본다. 둘째, 그 계산의 연산 횟수가 제한된다. 생명체는 너무 긴 시간을 학습에 쓸 수 없고, 학습 중에 외부 세계와 주고받는 횟수도 비슷하게 제한된다. 셋째, 학습으로는 정보가 항상 맞을 수는 없다는 점에서 '얼추'(probably)가 낀다. '거의'(approximate)라고 한 것은 빼먹는 것이 항상 가능해서다. 더 많은 데이터와 더 많은 계산 시간을 할애하면 학습 결과의 정확도가 높아진다는 것이 수학적으로 확인된다. 다시 말하면 더 많은 수의 사례를 학습하면 오답률이 줄어든다. 오답률은 수학적으로 분석하여 원하는 수준에서 관리하면 된다.8)

2. 학습

밸리언트는 지식의 종류를 두 가지로 나눈다. 첫째, "이론 있는"(theoryful) 지식은 수학 또는 과학의 지식과 같이 좋은 예측 이론이 있는 것이다. 뉴턴의 법칙에 근거해서 행성의 궤도를 예측하는 것은 이론 있는 것이다. 둘째, "이론 없는"(theoryless) 지식은 정확히 예측하는 모델이 없더라도 적절히 잘해 나가는 것이다. 앞서 든 예와 같이 원숭이들은 독성학에 대한 이론을 모르고도 자연에서 잘 생존한다. 아이들은 사과나 의자의 예를 몇 개 보고 난 후 새로운 것을 보면 그게 사과인지 의자인지를 구분한다. 아이들은 경험으로부터 일반화할 줄 알고 그것도 아주 빨리 해낸다. 사람들은 경제 시스템을 잘 이해하지 못해도 자기 재산을 적절하게 관리할 줄 안다. 말로 정확히 옮길 수 있는 이론이 없어도, 사람들은 복잡한 사회생활 문제들을 직관, 상식, 느낌으로 잘 대처해 나간다.9)

학습 알고리즘은 이미 기계학습 또는 딥러닝이라는 이름으로 많은 성과를 내고 있다. AI는 검색, 음성인식, 자율주행, 자동화 의사결정 등 사람의 많은 활동을 대신할 수 있게 되었다. 타깃 광고 등 마케팅, 의료진단, 로보어드바이저 투자자문, 법률자문, 자율무기, 음악 작곡 등 예술, 엔터테인먼트, 영어교육, 개인비서 등 다양한 분야에서 활용되고 있다.

밸리언트는 사람들이 하는 많은 의사결정이 기계학습과 그 본질이 비슷하다고 본다. 기계학습은 데이터에 있는 패턴을 찾아서 미래 상황에 대해서 유용하게 예측하는 방법이다. 예측의 이유를 설명해 주는 이론이 꼭 있는 건 아니다. 사람의 의사결정도 과거 관찰로부터 미래를 예측하는 능력에 기댄다. 그리고 그 예측의 이유를 정확히 설명할 수도 없다. 또한 관찰한 현상이나 예측할 현상에 대해서 근본적으로 이해하고 있다고 할 수도 없다. 사람들의 예측이 늘 꼭 완벽하거나 최고일 필요는 없다. 그냥 충분히 쓸 만하면 사람들은 만족한다.

밸리언트가 말하는 에코리즘은 환경 안에서 상호작용하며 작동 방식이 변할 수 있는 알고리즘이다. 알고리즘 디자이너가 미리 완벽히 그 환경을 파악하지 않아도 된다. 알고리즘이 환경과 상호 교류하며 학습할 수 있게 되면, 처음엔 알지 못하는 복잡한 환경에서도 차츰 잘 작동할 수 있게 된다.

3. 진화

진화란 생명체가 시간을 두고 변화하고 갈라져서 오늘날 지구상의 다양한 생명체가 만들어졌다는 이론이다. 이에 따라 다양한 동식물들을 서로 비슷한 특징을 공유하는 것끼리 묶어 계층적으로 분류할 수 있다. 최근에는 DNA 염기서열이 판독되면서 지구상의 다양한 생명체가 유전적으로 연관되었다는 것이 입증되고 있다. 다윈은 왜 진화가 일어나는지를 변종과 자연선택으로 설명한다. 생명체는 주어진 환경에서 다양한 변종을 만들 수 있다. 그 변종들이 경쟁을 벌이면서 생존과 번식에 더 유리한 형질을 가진 개체들이 살아남아, 그 유리한 형질을 자손에게 남긴다.

밸리언트는 생명체들의 진화도 에코리즘이라는 기계적인 과정으로 설명할 수 있다고 한다. 그 요지는 아래와 같다.[10)]

(1) 적합도

진화의 목표는 "적합도"(fitness)를 높이는 것이다. 적합도란 개체가 환경에서 가지는 이득을 잰 것이다. 자연선택은 적합도가 더 높은 개체를 선호하는 것이다. 회사의 목표가 이윤 창출이듯이 진화의 목표는 적합도를 유지하거나 증가시키는 것이다.

적합도를 결정하는 요인은 개체의 행동과 개체가 놓인 환경이다. 현재 환경에서 지금과 다음번 행동 조합만을 따져서 가장 큰 이득을 만드는 행동을 유도하는 함수를 "최선 함수"라고 한다. 이렇게 '진화의 목표는 더 좋은 적합도다'라고 정리하면 진화 과정은 곧바로 PAC 학습이 된다.

(2) 진화 알고리즘

진화는 두 개의 작동 부품을 가진다. 한 부품은, 여러 개 목표 함수 중에 좋은 성능을 가지는 목표 함수로 진화가 쏠린다는 것이다.

다른 한 부품은, 목표 함수의 성능은 종의 현재 상태와 종이 놓인 환경의 영향 아래 늘 새롭게 변한다는 것이다. 여기서 목표를 좇는 일은 진화 알고리즘이 하는 일이다. 학습에서 어떤 목표를 좇는 것이 학습 알고리즘이 하는 일인 것과 같다. 즉 실제값(y)과 예측값($\hat{y}$)의 차이인 오차($y-\hat{y}$)를 매개변수 조정을 통해 줄여나가는 것과 같다.

실제 세계에서 최선 함수는 어떤 환경 인자가 유기체에 이득을 가져오는지 등 무척 많은 변수를 가지고 정의될 것이다. 하지만 이 최선 함수가 어떻게 정의되어 있는지는 알 필요는 없다. 진화 알고리즘은 기계학습 알고리즘이 그러한 것처럼, 대상에 대한 이해 없이 진행되는 기계적인 알고리즘일 뿐이다. 진화 알고리즘은 자연 생태계에 대한 전문적인 이해 없이 진행하는 이론 없는 과정이다. 진화 알고리즘이 목표를 좇는 코스와 속도는 학습 알고리즘에서 그랬듯이 예측할 수 있다.

목표를 좇는 학습 과정에서는 이미 배운 것에 조금씩 새로운 것이 덧붙여지면서 차례차례 쌓여간다. 그전에 배운 대부분이 유지된다. 진화 과정도 마찬가지다. 다양한 생물종에 걸쳐서 유전체의 많은 부분이 유지되며 변화가 조금씩 쌓여간다.

(3) 변종

학습에서는 하나의 샘플만 보고 즉각 가설을 변화시키는 것이 가능하지만, 다윈 진화에서는 학습으로 개선된 유전체가 드러나기까지는 빙 둘러 가는 되먹임 과정이 필요하다. 다양한 유전체 변이들이 환경에 던져지고, 그중에서 성능 좋은 것이 살아남는 지난한 과정이다.

유전체 성능은 이상적인 행동에 평균적으로 얼마나 가까운지를 계산한 것이다. 그 평균은 세상에서 겪은 경험의 분포를 고려해서 계산된다. 학습에서는 한 샘플만으로 가설이 바뀔 수 있지만 다윈 진화에서 유전체가 바뀌는 과정은 통계적이다. 다양한 유전체 변이를 가진 개체군 중에서 일생 동안의 경험을 통해서 통계적으로 우량한 개체들이 살아남으면서 바뀌는 것이다.

학습 계산 비용이 현실적이어야 한다. 지구 나이 안에서 모두 일어날 수 있어야 하기 때문이다. 진화 알고리즘이 최선 함수로 수렴하는 과정이 너무 많지 않은 개체군에서 너무 많지 않은 세대 동안 일어나야 하고, 변이를 만드는 계산 비용도 너무 많지 않아야 한다.

04
이념과 에코리즘

1. 의식의 탄생과 에코리즘

밸리언트는 생명체가 환경과 상호작용하며 개체와 자신이 속한 종을 유지하고, 그 종이 진화하는 것을 일종의 학습 과정으로 파악한다. 그리고 그 학습은 기계적 방법, 즉 알고리즘에 따라 진행된다고 본다.

저자는 생명체의 학습과 진화를 설명할 때, 의식의 탄생이라는 요소가 비중 있게 고려되어야 한다고 생각한다. 물론 쇼펜하우어의 말대로, 의지는 직관적이든 이성적이든 원래 개체와 종을 유지하기 위한 보조 수단으로 생겨났다. 하지만 의식이 없는 생명체와 의식이 있는 생명체의 학습은 질적으로 다른 측면이 있다. 식물과 같은 의식이 없는 생명체는 자극에 수동적으로 반응할 뿐이지만, 의식을 가진 동물들은 환경의 자극에 순응하기도 하지만 자신에 맞게 환경을 변화시키려 한다. 그의 의식이 감각적 지각에만 머물 때는 환경과의 상호작용이 충분히 예측 가능하다. 그러나 그의 의식이 추상적 사고 능력을 갖추면 그 상호작용의 양상은 완전히 달라질 수 있고, 예측도 어렵게 된다. 추상적 사고가 가지고 있는 세상을 변화시키는 힘은 매우 강력하기 때문이다.

사람의 행위는 밸리언트가 말한 적합도만으로는 잘 설명되지 않는다. 사람의 행위가 적합도로 설명될 수 있으려면 사람은 주어진 환경에서 생존에 가장 적합한 방식으로 행동해야 한다. 그러나 개체의 생존이라는 이익과 집단의 생존이라는 이익이 다를 수 있는 등 어떤 행동이 적합한지 판단하기 어려운 경우도 많다. 또 사람은 합리적 의사결정만 하지 않고 자유의지에 따라 제각각의 동기에 따라 행동한다. 쇼펜하우어의 설명대로 의지 객관화의 높은 단계에 있을수록, 바꾸어 말해 진화가 더 될수록, 개체의 개성이 강해지고 종적인 공통성은 옅어진다. 사람 외 생명체의 행동 방식은 그 생명체가 어떤 종에 속하는지에 따라 대부분 결정되지만 사람은 유전자가 지정한 방식대로 행동하지 않는다.

또한 에코리즘이라는 같은 잣대로 추상적 사고 능력이 있는 사람과 그것이 없는 다른 생명체의 학습을 묶어 설명하는 데는 일정한 한계가 있을 것이다. 사람의 학습에서 상상력이 그리는 도식은 지성의 개념의 지시를 받는다. 기계학습에서 찾아내는 패턴도 숨은 규칙성이다. 그 숨어 있는 규칙성은 특정된 개념이거나 아직 확립되지 않은 추상적 규칙일 수 있다. 하지만 다른 생명체의 학습에서는 지성의 개념이 전제되지 않는다. 그래서 학습으로 형성하는 패턴도 매우 단순하고 일정할 것이다. 즉 추상적 사고 능력의 유무에 따라 학습의 양상은 크게 달라진다.

2. 의지와 에코리즘

쇼펜하우어가 말하는 의지는 모든 사물에 잠재된 하나의 근원적인 힘이다. 생명력의 유지와 존속이라는 생명체의 의지는 표상으로 나타나는 현실 세계 이면에 잠재해 있다. 맹목적인 의지는 물질을 차지하려는 자연력과 생명력들의 끊임없는 싸움터에서 현실화 또는 객관화된다.

에코리즘에 따르면, 생명체들이 생존 적합도를 높이기 위해 학습으로 익히고 강화한 생명력, 즉 의지는 알고리즘의 방식으로 현실에 적용된다. 따라서 의지의 객관화는 생명체가 학습을 통해 형성하는 숨은 패턴, 즉 알고리즘이라고 할 수도 있다.

에코리즘으로 자연선택과 의지의 객관화를 설명할 수 있다. 그것은 개념적 시각의 테두리 안에 있기 때문이다. 그러나 에코리즘으로 의지의 극복 또는 영성이라는 이념을 설명하기는 어렵다.

쇼펜하우어가 이념을 직관할 때 나타나는 광경을 묘사한 것과 라이트먼이 영성과 마주칠 때 묘사했던 광경은 닮았다. '나의 의식은 의지에 봉사하는 데서 벗어나 별이 총총히 빛나는 하늘을 관조하며 몰입하기 시작한다. 별이 사라지고 내가 누웠던 배도 사라지고 내 몸도 사라진다. 나는 무한으로 빠져들며 개별적인 사물의 모습이 아닌 이념이라는 영원한 형식과 우연히 마주치게 된다. 자신과 대상의 구분이 사라지며 의지와 고통이 없이 시간을 초월한 순수한 존재가 된다. 나보다 훨씬 큰 무언가의 일부가 된 느낌이 든다.'

이념은 현실 속에 잠재해 있으면서도 현실을 초월하는 것을 함축하고 있다. 에코리즘의 적합도로는 이념을 측정하거나 예측할 수는 없다. 이념은 감각밖에 될 수 없는 것, 겉으로는 잘 드러나지 않는 작은 씨앗 속에 숨어 있는 잠재적 역량이다. 정형화된 규칙의 틀에 집어넣는 개념적 시각으로는 그 작은 차이들이 포착되지 않는다.

3. 의지와 영원회귀

우리는 의지가 부딪히는 싸움터인 현실 속에서 살아갈 수밖에 없다. 학습을 통해 복잡한 현실에 적응할 수 있는 알고리즘과 개념을 찾아갈 것이다. 하지만 우리의 의식이 동등성, 유사성이라는 개념의 힘에 압도되면 눈앞에 놓인 여러 갈림길 중 어떤 행로가 그의 본성에 적합한 것인지 가려내기 쉽지 않게 된다. 다른 사람을 무작정 따라가다 보면 후회와 고통을 맛보기 쉽다. 내 머릿속을 내 것이 아닌 일반적인 것들로 채우게 되면 나의 삶도 메마르게 된다.

쇼펜하우어가 말한 "예지적 성격"이라는 이념이 우리 자신만의 길을 알려줄 수도 있다. 내가 태어날 때부터 가지고 있던 진정한 나의 모습과 나의 의지에 따라 살고 있는지를 되돌아볼 필요가 있다. 쇼펜하우어는 '자신이 갖추고 있는 본성, 곧 잠재적 역량이 현실적으로 어떻게 실현될지는 모르는 일이지만, 자신이 속한 환경에 맞추어 가며 자신의 타고난 성격을 찾아 인생행로를 걸어가야 한다'고 한다. 이것은 의지의 포기와는 조금 다른 "의지 극복"의 길일 것이다.

저자는『내가 가지고 있는 지식과 삶의 의지를 비우고 자기 내면에 잠재된 환원 불가능한 독특성으로 들어가는 것은 역설적으로 보편적인 것으로 나아가는 것이다.』라고 생각한다. 라이트먼이 말한 영성이 그 보편적인 것이다. 자연, 우주, 타인과 연결된 느낌, 아름다움에 대한 공감, 경외감의 경험, 창의적인 초월 경험 등과 마주친다.

들뢰즈는 "영원회귀에서 나타나는 반복은 보편성과 독특성을 하나로 엮는 형식이다."[11]라고 한다. 영원회귀가 지닌 힘은 같음을 되돌아오게 하는 힘이 아니라 창조하되 선별하고 추방하는 힘, 생산하되 파괴하는 힘이다. 반복은 이념 안에서 독특한 것과 보편적인 것이 맺는 진정한 관계다.[12] 반복이 자기 안에 차이들을 포괄하면서 하나의 특이점에서 또 다른 특이점으로 직물처럼 짜여나간다.[13] 영원회귀는 자신의 씨앗에 해당하는 이유로 돌아가는 것이다.

Chapter 07

사람의 인식 시스템과 컴퓨터 시스템의 닮음

01

컴퓨터와 튜링기계

1. 컴퓨터의 구조와 작동 방식

컴퓨터의 하드웨어는 중앙처리장치, 주 기억장치, 보조 기억장치, 입출력장치로 구성된다. 컴퓨터는 이러한 하드웨어를 갖추고 프로그램에 따라 데이터를 처리하는 장치다.

컴퓨터가 꺼져 있을 때 프로그램과 데이터는 보조 기억장치에 저장되어 있다. 주기억장치와 보조 기억장치를 나누는 이유는 데이터 처리 속도와 보존 기간에 따라 역할 분담이 필요하기 때문이다. 보조 기억장치로는 하드 디스크 드라이브(HDD), SSD 등을 쓰는데, 전원을 꺼도 데이터가 보존되지만 처리 속도가 느리다. 주기억장치로 RAM 등을 쓰는데, 전원을 껐을 때 데이터가 저장되지 않지만 처리 속도가 빠르다. 프로그램 파일과 데이터는 보조 기억장치에 저장되어 있다가 중앙처리장치(CPU)에서 처리할 필요가 있을 때 주기억장치로 옮겨진다.

컴퓨터 하드웨어의 구조

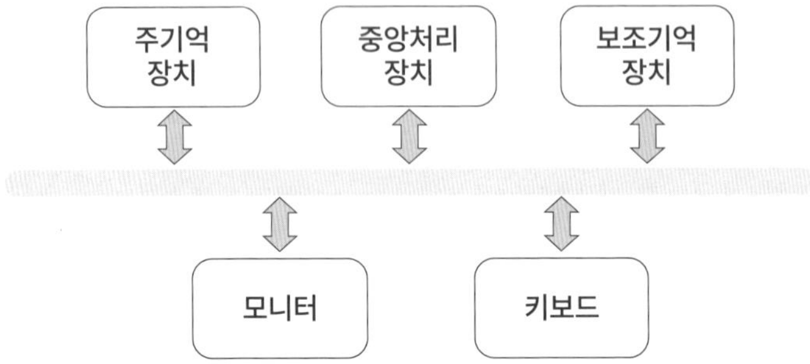

프로그램에 따른 데이터 처리는 중앙처리장치(CPU)에서 이루어진다. CPU는 주기억장치에 올라온 프로그램의 작동을 제어하고 데이터를 처리한다. CPU는 수시로 주기억장치에 접근해 이러한 작업을 반복한다.

프로그램은 윈도즈(Windows)와 같은 운영체제(OS) 프로그램과 한글 워드프로세서와 같은 응용 프로그램(application)으로 나눌 수 있다. 운영체제 프로그램은 CPU의 작동, 응용 프로그램 실행 등 컴퓨터 시스템 전반을 관리하는 데 사용된다. 예를 들어 컴퓨터를 켜면 윈도즈 프로그램이 주기억장치로 옮겨져 부팅이 이루어진다. 응용 프로그램은 개별적인 데이터 처리 목적에 따라 만들어진다.

예를 들어 휴대전화 카메라로 호수공원에 있던 고양이를 찍어 개인용 컴퓨터(PC)로 사진 파일을 옮긴 후 포토샵 프로그램으로 사진의 밝기를 편집한다고 하자.

① 휴대전화의 렌즈는 고양이라는 물체에 비추어지는 빛을 감지해서 영상을 촬영하고, 그 영상은 픽셀 단위(pixel, 디지털

이미지를 구성하는 가장 작은 단위)의 디지털 데이터로 휴대전화에 저장된다.

② USB 케이블로 휴대폰과 PC를 연결하면 윈도즈가 작동해서 '고양이.jpg' 파일을 PC의 보조 기억장치로 옮긴다.

③ 윈도즈의 바탕화면에 있는 포토샵 프로그램 아이콘을 클릭하면 보조 기억장치에 있던 포토샵 프로그램이 주기억장치(RAM)에 올려진다. 그다음 '고양이.jpg' 파일을 클릭하면 이 파일도 RAM에 올려진다.

④ 포토샵 프로그램에서 '밝기' 슬라이더를 '+10'만큼 올리면, 이 명령은 윈도즈를 통해 중앙처리장치(CPU)에 전달된다. CPU는 RAM에 올라온 사진 데이터의 첫 번째 픽셀값을 가져온다(예: 100). 산술논리연산장치(ALU)를 사용하여 100+10=110을 계산한다. 계산된 새 값 110을 해당 픽셀 위치에 다시 기록한다. 이러한 과정을 반복한다.

⑤ CPU의 계산이 완료되면 변경된 RAM 데이터를 그래픽 처리장치(GPU)에 넘겨 밝아진 사진을 모니터에 표시하도록 한다.

⑥ 저장 버튼을 누르면 변경된 사진 데이터가 보조 저장장치에 저장된다.

프로그램도 CPU에서 처리될 때는 데이터의 일종이다. 그 결과 컴퓨터 1대만 있어도 얼마든지 프로그램을 바꾸어 가며 다양한 작업을 시킬 수 있다. 1936년에 튜링(Alan Turing)이 '튜링기계'(Turing

Machine)를 만들어 이런 아이디어를 처음으로 고안했다. 튜링기계의 작동 구조를 살펴보면 컴퓨터 시스템과 사람의 인식 시스템의 유사점과 차이점이 좀 더 선명하게 드러날 것 같다.

2. 컴퓨터 프로그래밍의 기원인 튜링기계

영화 '이미테이션 게임'(2014)에서 에니그마(Enigma)를 해독하여 2차 세계대전의 전세를 바꾸는 데 기여한 그 주인공이 튜링이다.

에니그마는 2차 세계대전 때 독일군이 사용하던 휴대용 암호기다. 타자기 같이 생긴 이 기계를 이용하면 암호문을 생성하고 해독할 수 있다. 에니그마는 복잡한 계산을 수행하지만 암호 생성 및 해독이라는 특정한 용도로만 쓰일 수 있다. 이에 비해 오늘날의 컴퓨터는 한글, 엑셀, 파워포인트 등 여러 프로그램을 작동시켜 문서 작성, 계산, 그림 그리기 등 다양한 작업을 수행할 수 있는 "범용 기계"이다. 다양한 프로그램으로 데이터를 처리하는 컴퓨터 시스템이 가능하기 위해서는, 프로그램 자체도 하나의 데이터처럼 하드웨어에 실려 작동될 수 있어야 한다.

튜링은 1936년 자신의 박사학위 논문에서 '튜링기계'(Turing Machine)라는 가상의 범용 기계를 고안하였다. 튜링기계는 두 가지 면에서 오늘날 컴퓨터 프로그래밍의 모델이 된다. 첫째, 튜링기계의 작동으로 기계적 계산, 즉 알고리즘(algorithm)을 명확히 정의했다. 둘째, 알고리즘 자체를 튜링기계에 탑재해서 튜링기계를 돌릴 수 있음을 밝혔다.

3. 기계적 계산을 구현한 튜링기계

알고리즘이란, 한 스텝씩 순서대로 짜서 문제를 푸는 '기계적 방법'이다. 예를 들어 100개의 숫자를 원소로 가진 집합 A={2, 1, 8, 6, 10, 4, ……, 80} 중 최댓값을 기계적으로 찾은 방법을 짠다고 하자. 첫 번째 원소 2를 최댓값으로 설정하고 두 번째 원소 1과 비교해서 더 큰 원소 2를 최댓값으로 두고, 셋째 원소 8과 비교해 가는 등, 하나씩 현재 최댓값보다 큰 값을 찾아가는 방식으로 문제를 풀 수 있다. 아니면 2과 1중 더 큰 수를 선택하고, 8과 6중 더 큰 수를 선택해서 다음 라운드로 올리는 토너먼트 방식을 쓸 수도 있다.

이렇게 어떤 문제를 푸는 계산의 규칙을 찾아내는 것은 오래전부터 해오던 일이다. 고대 그리스의 수학자 유클리드(Euclid)는 두 정수의 최대공약수를 기계적인 방식으로 찾는 '유클리드 호제법'(Euclidean Algorithm)을 만들었다. 예를 들어 30과 42의 최대공약수를 찾을 때 유클리드가 알려준 방법대로만 하면 기계적으로 신속하게 최대공약수 6을 찾을 수 있다.

근대 수학과 논리학이 발달하면서 다양한 논리적 추론을 일종의 계산으로 대체하고 그 계산을 수행하는 기계적 방식을 찾는 연구도 진행되었다. '모든 A는 B이다.'라는 판단 형식을 '$(\forall x)$ $(A(x) \rightarrow B(x))$' 등의 기호 나열로 대체하는 방법이 만들어졌다. 이어 이러한 논리 기호나 공식들을 자연수에 일대일로 대응시키는 방법도 만들어졌다. 마침내, 튜링이 사람의 논리적 사고를 계산으로 대체해서 그 계산을 수행하는 기계를 만드는 데 성공했다.

튜링은 기계적 계산이란 "튜링기계로 만들어서 돌릴 수 있는 것으로 한다."라고 정의했다. 튜링 기계는 ① 칸이 나눠진 무한한 길이의 테이프, ② 이 칸에 넣을 수 있는 유한개의 기호, ③ 칸을 이동하며 이 기호를 읽고 쓰고 지우는 작업 흐름도(process)로 구성된다. 튜링기계는 매우 단순한 구조로 되어 있지만 오늘날의 컴퓨터와 비교해도 성능이 뒤처지지 않는다. 지금 컴퓨터가 할 수 있는 것은 튜링기계로도 재현할 수 있다. '2+3=5'를 계산하는 것을 튜링 기계로 나타내면 아래와 같다.[1)]

튜링 기계로 2 + 3 = 5를 계산

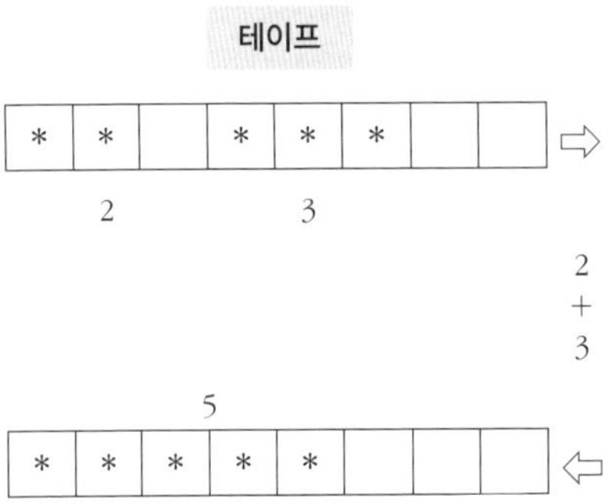

테이프

*	*		*	*	*		

2 3

⇨

2 + 3

5

*	*	*	*	*			

⇦

규칙표

현상태	읽을기호	쓸기호	다음칸	다음상태
A	*	*	>	A
A	□	*	>	B
B	*	*	>	B
B	□	p□	<	C
C	*	p□	∥	C
C	□	p□	∥	C

① '테이프' 위에 기호 *가 아래와 같이 채워져 있다. 이것은 2와 3을 기호의 조합으로 표시한 것이다.

② '규칙표'(작업흐름도)는 '현 상태, 읽을 기호, 쓸 기호, 다음 칸, 다음 상태'의 '5순서열'로 구성되어 있다.

테이프의 가장 왼쪽 칸부터 현 상태 A에서 시작한다.

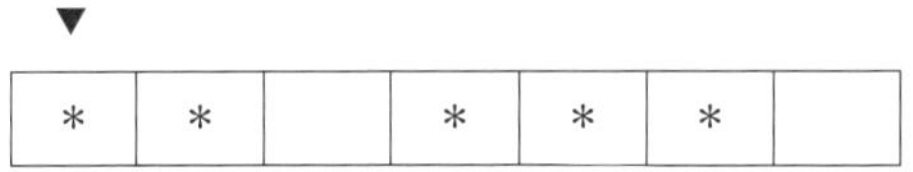

규칙표의 첫 번째 5순서열에 따르면, 첫 번째 칸의 기호 *를 읽고, *를 쓴 다음 오른쪽으로(>) 한 칸 이동한다. 다음 상태는 A이다.

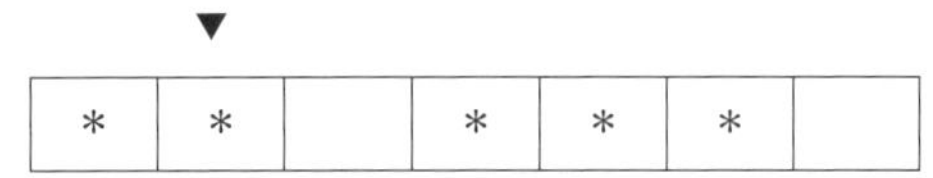

이런 방식으로 규칙표에 따라, 기호를 읽고, 쓰고, 지우고, 칸과 상태를 이동하는 것을 반복하면 '2+3='가 계산된다.

③ 마지막으로 테이프 위에 아래와 같이 기호가 채워지고 튜링 기계는 작동을 멈춘다. 이것은 출력값 5를 표시한 것이다.

이와 같이 2+3=5를 튜링기계로 계산하는 것은 조금 복잡해 보이지만 그 원리는 매우 단순하다.

2를 일진수로 표기하면 작대기 2개 | 1 | 1 |이다. 3을 일진수로 표기하면 작대기 3개 | 1 | 1 | 1 |이다. 2+3을 일진수로 계산한다고 하자. | 1 | 1 | | 1 | 1 | 1 |

먼저 오른쪽 끝에 있는 작대기 하나를 들어내 빈칸으로 만든다. | 1 | 1 | | 1 | 1 | | 다음 그 작대기를 2, 3 사이에 놓으면 5가 된다. | 1 | 1 | 1 | 1 | 1 | |

튜링기계는 이러한 계산을 기계적으로 한 것이다. 이 방식대로 하면, 즉 가장 오른쪽에 있는 작대기를 더하고자 하는 수 가운데로 옮기는 방식을 적용하면 2+3뿐만 아니라, 100+200 등 자연수의 덧셈도 가능하다.

'튜링기계로 하는 계산'은 입력 데이터를 "* *", "* * *" 등으로 기호화하여, 5순서열로 정형화된 규칙에 따라 계산하므로 기계적 계산 또는 기계적 정보처리라고 할 수 있다. 튜링기계로 하는 계산이 오늘날 컴퓨터의 프로그램 또는 소프트웨어다. "튜링기계로 모든 기계적 계산 즉 오늘날의 컴퓨터 프로그램을 표현할 수 있다."라는 가설은 현재까지도 깨지지 않고 있다.

4. 만능 튜링기계

튜링은 '만능 튜링기계'(Universal Turing Machine)도 기계적 계

산으로 실현될 수 있음을 밝혔다. 튜링기계로 입력되는 데이터는 "* *", "* * *" 등 기호의 모임으로 입력된다. 이런 기호들과 마찬가지로 알고리즘(일련의 5순서열, A**>A A□*>B ...... C□p□‖C) 자체를 튜링기계의 테이프 위에 올려 튜링기계를 작동할 수도 있다.

다시 말해 튜링기계의 알고리즘도 데이터와 마찬가지로 튜링기계에서 실행될 수 있다. 튜링기계는 자신에게 주어져 있는 무한 테이프 위에서 다른 튜링 기계의 작동을 흉내 낼 수 있는 '만능 튜링기계'(Universal Turing Machine)가 된다. 만능 튜링기계는 프로그램을 입력 데이터와 함께 받아들인다. 만능 튜링기계가 오늘날의 프로그램 내장형 컴퓨터다.[2)]

튜링기계의 알고리즘을 테이프 위에 올리는 것은, 앞에 예를 들었던 포토샵 프로그램을 주기억장치에 올리는 것과 같다. 만능 튜링기계가 튜링기계의 알고리즘에 따라 데이터를 처리하는 것은, CPU에서 포토샵 프로그램에 따라 고양이 파일의 밝기를 높이는 작업을 한 것과 같다.

02

만능 튜링기계와 범주의 도식

1. 알고리즘과 도식

고양이 2마리와 고양이 3마리를 더해서 5마리라고 세는 것은, 시간이라는 "1차원적인 선" 위에 같은 종류의 사물을 하나하나씩 올려놓는 것이라 할 수 있다. 사물들뿐만 아니라 사건들도 이 선 위에 차례로 올려놓아야 사건의 본말을 파악하고 원인과 결과를 찾을 수 있다. 시간 없이는 우리의 감각 자료들은 파편화되고, 추상적 개념들도 실제 사례에 적용할 수 없다. 즉 범주는 직관과 결합하기 위해 시간이라는 일직선 위에서 도식화 되어야 한다.

튜링기계의 기계적 계산은 이러한 범주의 도식을 더 구체적으로 명확하게 실현한 것이라고 볼 수도 있다. 튜링기계에 올라오는 데이터들은 분량적 단위로 처리될 수 있는 기호들이다. * 와 같은 기호들을 테이프 위에 반복해서 찍는 것은 시간의 후속적 반복에 해당한다. 테이프 위에 있는 기호를 읽고, 지우고, 새로운 기호를 넣은 것은 규칙표에 따른 것이다. 이러한 규칙표에 따른 작동은 범주를 적용하는 것에 해당한다. 요약하면, 테이프 위에서 순서에 따라 기호들이 나열되고 변경되는 것은 범주와 1차 표상의 결합이 시간이라는 일직선 위에서 이루어지는 것에 대응한다.

2. 만능 튜링기계와 의식의 통합

튜링기계가 다른 튜링 기계의 작동을 흉내 내어 만능 튜링기계가 되는 것은 칸트의 인식 시스템에서 의식의 통합작용에 대응한다.

‘생각하는 나’라는 하나의 의식 속에서 1차 표상과 2차 표상은 시간이라는 연결고리를 통해 통합된다. 만약 각각의 표상 생성과 통합과정에서 하나의 의식작용이 수반되지 않고 여러 개의 다른 의식작용이 수반된다면 표상들이 통일될 수 없다. 동일한 하나의 의식이 있어야만 직관한 표상과 기억 속에서 재생하는 표상을 시간에 맞추어 배치하고 범주에 의해 통합할 수 있다.

튜링기계에서도 마찬가지다. 하나의 만능 튜링기계 위에서 데이터와 튜링기계가 테이프 위에 올려져 튜링기계의 규칙표에 따라 계산된다. 여기서 만능 튜링기계는 하나의 의식, 튜링기계는 범주, 데이터는 표상에 해당한다.

규칙표에 있는 A, B, >, <, Ⅱ 등의 기호들은 일정한 위치를 차지하며 공간적으로 배치되어 있다. 즉 알고리즘은 “시각적으로” 공간상 펼쳐져 정리되어 있다. 이 기호들을 하나의 선위로 나열하여 테

이프 위에 차례대로 실을 수도 있다. 이것은 공간적 위치가 "시간적 연속으로 변형"되는 것이다. 즉 만능 튜링기계는 프로그램과 데이터를 모두 입력으로 받아 시간이라는 연결고리를 통해 프로그램에 따라 데이터를 처리하는 "단 하나의" 고정된 기계이다.

튜링기계에서는 각각의 튜링기계와 만능 튜링기계가 동일한 구조로 되어 있다. 사람의 인식 또는 의식 시스템에서는 어떨까?

칸트는 하나의 의식 안으로 1차 표상들이 들어가는 통합 작용을 통각이라고 하고, 이러한 통합 작용이 12개의 범주를 통해서 이루어진다고 봤다. 즉 "범주는 직관의 다양을 결합해 하나의 의식으로 될 수 있게 하는 유일한 조건이다. 주어진 직관의 다양이, 판단 작용에 관하여 규정되어 있는 한에서, 범주는 판단 작용 외의 다른 것이 아니다."[3]라고 한다. 이에 따르면 통각과 범주는 판단 작용, 즉 규칙에 따른 통합이라는 면에서 그 성격이 같을 수 있다.

따라서 이러한 추론도 가능하다. 『통각과 범주는 비슷한 구조를 가진다. 만능 튜링기계와 튜링기계도 같은 구조를 가진다. 통각은 만능 튜링기계에, 범주는 튜링기계에 대응한다. 이렇게 사람의 인식 시스템과 컴퓨터 시스템은 매우 닮았다. 그래서 컴퓨터는 정보의 산출, 저장, 검색, 처리 등 사람의 인식활동의 많은 부분을 해낼 수 있다.』

그런데 '나는 생각한다'에는 이러한 인식활동 외에도 정서와 감정, 동기와 의도 등 다른 활동도 포함되어 있다. 데카르트의 '나는 생각한다'는 논리적, 지성적 사유만을 뜻하는 것이 아니라 감각, 상상, 의지, 희망 등 모든 의식 작용을 포괄한다. 예를 들어 미적 감수성은 범주로 설명되지 않는다. 미적 영역에서는 개별적인 범주가 아닌 지성의 일반적인 통합작용이 상상력과 자유롭게 유희한다.

사람은 상상력을 발휘해서 논리적 규칙이나 계산을 수행하는 것을 넘어 창의성을 발휘한다. 상상력은 다양한 경험과 개념 사이의 공통점과 유사점을 찾아내어 새로운 상황에 유추 적용할 수 있는 마음의 능력이다. AI는 인식의 영역에서 기계학습으로 사람의 상상력 작동을 따라잡고 있다. 하지만 예술 등 다른 의식활동에서는 범주가 적용되지 않거나 다르게 적용되므로 컴퓨터가 그 활동을 따라갈 수 있을지 판단하기 쉽지 않다. 물론 예술 활동에서도 인식적 요소가 포함되어 있으므로 그 요소가 적용되는 범위에서는 컴퓨터가 따라갈 수 있을 것으로 예상된다.

인식을 포함한 모든 의식의 통합작용은 '나는 생각한다'라는 단일한 자기의식에 기반한다. AI가 사람처럼 하나의 자기의식 아래로 표상들을 결합하고 재구성해서 통합할 수 있게 되고, 각각의 표상활동에 자기의식이 부수되어 있다면 AI는 사람처럼 의미를 이해하고 창의성을 발휘할지도 모른다. 의식이 만드는 것은 표상에 불과하므로 이것을 인공적으로 구성하는 것은 가능할 수도 있다. 컴퓨터는 만능 튜링기계이기 때문이다.

Chapter 08

시와 예술

01
예술 분야에서 활동 범위를 넓혀가는 AI

예술은 사람 고유의 창작 활동으로 여겨졌으나, 예술 분야에서도 AI의 역할이 커지고 있다. 딥러닝과 생성형 AI 기술을 예술 분야에 응용한 결과물을 보면, 그 완성도에 깜짝 놀라지 않을 수 없다. 기계가 만드는 가상 세계와 사람의 의식이 만드는 표상 세계의 차이가 점점 좁혀지고 있다. AI가 예술 분야에 활용될 때 AI가 예술창작의 의미를 이해하고 창의성을 발휘할 수 있을까? 이 질문에 대한 해답 찾기에 앞서, 먼저 기계학습, 딥러닝의 개념 정도만 확인하고 예술창작에 현재 어떠한 AI 기술이 활용되고 있는지, 어떤 역할을 담당하는지 살펴보기로 한다.

1. AI와 기계학습의 분류

AI를 구현하는 컴퓨터 프로그래밍은 규칙 기반 프로그래밍과 기계학습으로 나눌 수 있다. 딥러닝(deep learning)은 기계학습 중에서

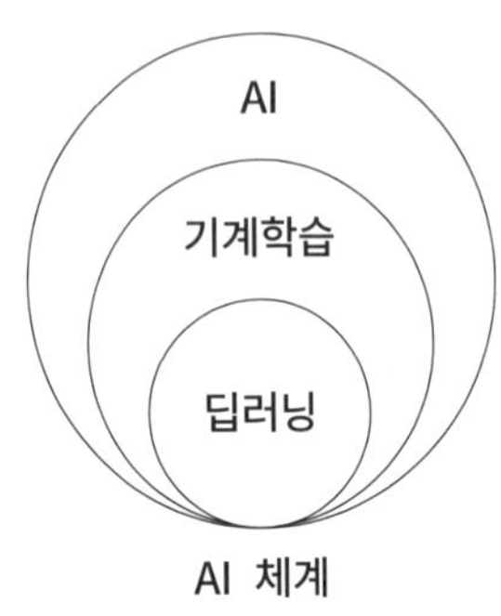

AI 체계

인공신경망(artificial neural network)을 기반으로 한 방법들을 통칭한다.

기계학습은 크게 지도학습(supervised learning), 비지도학습(unsupervised learning), 강화학습(reinforcement learning)으로 분류할 수 있다.

첫째, 지도학습은 정답이 주어진 상태에서 학습하는 알고리즘이다. 꽃 종류 판별에서 꽃의 길이(x)와 너비(y)를 데이터의 '특성', 꽃의 종류 A, B를 '정답'이라고 한다. 퍼셉트론 알고리즘에서는 데이터의 특성에 해당하는 정답이 입력 데이터로서 미리 주어지기 때문에 지도학습에 해당한다.

둘째, 비지도학습은 정답이 주어지지 않은 상태에서 학습하는 알고리즘이다. A 꽃과 B 꽃의 특성만 주어질 때 데이터 특성의 패턴을 파악하여 비슷한 꽃끼리 분류하는 군집화(clustering)가 대표적인 비지도학습이다. 온라인 쇼핑몰에서 고객을 대상으로 맞춤형 광고를 할 때 고객을 성별, 선호 상품 등에 따라 몇 가지 그룹으로 구분할 때도 군집화가 쓰인다. 지도학습은 정답이 주어진 데이터만을 사용할 수 있으므로 가용 데이터의 양에 한계가 있으나, 비지도학습은 그러한 제한이 없으므로 훨씬 더 많은 양의 데이터를 쓸 수 있다.

셋째, 강화학습에도 목표값이 주어지는데, 정답 대신에 보상(reward)을 활용해 학습한다. 예를 들면 바둑은 두 사람이 번갈아 수를 놓는 방식으로 진행되고, 각각의 수를 데이터 샘플로 볼 수 있다.

샘플마다 목표값을 주는 지도학습과 달리, 게임이 다 끝난 후 승패를 따져 승 또는 패, 또는 얻은 점수를 목표값으로 준다. 연속된 샘플의 열에 목표값 하나만 주는 방식이다.[1)]

2. 인공신경망

인공신경망의 기본적인 구조는 앞서 설명한 퍼셉트론과 유사하다. 퍼셉트론과 마찬가지로 $ax+by=c$형태의 '선형 결합식'을 사용한다. 퍼셉트론은 입력과 출력으로 구성되었으나, 인공신경망에서는 입력과 출력 사이에 은닉층이 추가된다. 인공신경망을 도식화하면 다음과 같다.

인공신경망의 기본 구조

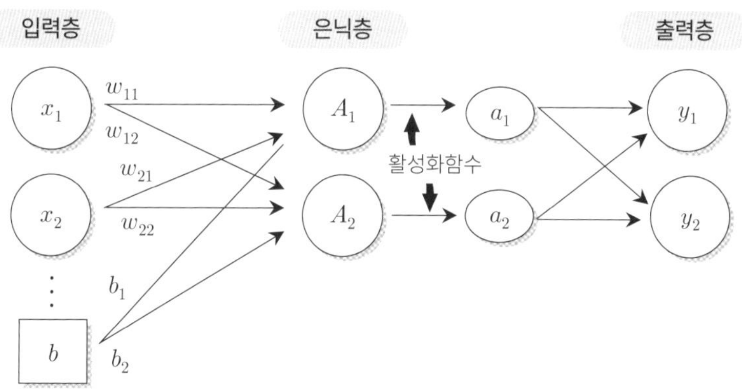

X_1, X_2가 입력 데이터다. w_1은 X_1에 곱해지는 매개변수이고, w_2는 X_2에 곱해지는 매개변수이다. b는 절편이다. 은닉층 중 첫 번

째는 $A_1 = X_1 \cdot w_{11} + X_2 \cdot w_{21} + b_1$로 만들어진다. 두 번째는 $A_2 = X_1 \cdot w_{12} + X_2 \cdot w_{22} + b_2$로 만들어진다.

은닉층으로 모인 값을 다른 은닉층 또는 출력층으로 보내기 전에, '활성화 함수'(activation function)를 통과시켜야 한다. 활성화 함수는 입력 신호의 총합을 출력 신호로 변환하는 함수이다. 선형함수만 사용하면, 은닉층을 아무리 깊게 해도 효과 면에서 은닉층이 없는 네트워크와 달라지는 것이 없다. 은닉층을 쌓는 혜택을 얻고 싶다면 비선형함수인 활성화 함수를 층마다 끼워 넣어 출력값을 변경시켜 줘야 한다.[2)]

요약하면, 퍼셉트론과 인공신경망의 차이는 은닉층이 추가된다는 점, 은닉층을 추가한 효과를 살리기 위해서는 활성화 함수를 덧붙인다는 점이다.

퍼셉트론에서는 데이터 x, y를 입력하여 출력되는 값이 정답인지 아닌지에 따라 정답률을 높이는 방향으로 매개변수(parameter) a, b, c를 조정했다. 인공신경망에서는 좀 더 복잡한 방식으로 최적의 매개변수를 찾는다. 매개변수를 갱신할 때 역전파(backpropagation)라는 편미분 기반의 방법을 사용한다. 실제값(y)과 예측값($\hat{y}$)의 차이인 오차($y - \hat{y}$)를 계산하여, 오차가 클수록 더 큰 폭으로 매개변수를 갱신하는 방식으로 피드백을 준다.

3. 예술 분야에서 활용되고 있는 생성형 AI

(1) GAN

2018년 10월에 크리스티 미국 뉴욕 경매에서 초상화 '에드몽 드 벨라미'(Portrait of Edmond de Belamy)가 43만여 달러(한화 약 4억 7천만 원)에 낙찰되었다. 크리스티 경매의 첫 'AI 작품'으로 출품돼 소장 미술품이 된 것이다. 이 초상화는 'GAN'(Generative Adversarial Networks, 생성적 적대 신경망)을 사용해 그려졌다.

GAN은 생성기(generator)와 판별기(discriminator)로 이루어져 있다. 생성기는 진짜와 닮은 데이터를 만들어 판별기로 보낸다. 판별기는 이 데이터를 받아서 생성기가 만든 가짜 데이터인지, 기존에 있던 진짜 데이터인지를 판정한다. 학습 과정을 반복하면 생성기는 진짜 데이터와 구분되지 않는 가짜 데이터를 만들 수 있게 되어, 판별기는 더 이상 진짜 데이터와 가짜 데이터를 나눌 수 없게 된다. 생성기와 판별기의 경쟁이 반복되는 과정에서, 생성기가 진짜 데이터의 확률분포(distribution)를 알아내기 때문이다. 그 확률분포를 따르도록 데이터를 임의로 생성하면 진짜와 닮은 새로운 데이터를 만들 수 있다.

GAN이 AI의 그림 생산에 본격적으로 적용된 것이 'CAN'(Creative Adversarial Neural Networks, 창의적 적대 신경망)이다. 여기서 '창의성'(Creative)이 있다는 것은, 사람의 예술작품을 학습하여 이미 존재하는 사람의 예술작품이 아닌 새로운 예술작품을 만드는 것을 의미한다. 판별기는 자신에게 들어온 그림이 생성기가 만든 그림인지 아니면 사람이 그린 기존의 그림인지 분류한다. 그와 동시에 그림이 기존의 예술 스타일 중 어떤 것에 속하는지도 분류한다. 이 예술 스타일은 15~20세기의 예술가 1,119명의 작품 81,449점을 인상주의, 표현주의 등 25개의 스타일로 분류하였다. 생성기는 판별기를 속이기 위해 기존의 예술작품과 구분되지 않을 수준의 그림을 그려낸다. 그 결과 기존의 예술작품과 비슷하게 보이면서도, 생성기가 임의로 그려낸 새로운 그림이 만들어진다.[3)]

(2) 달리(DALL-E)2

'달리(DALL-E)2'는 텍스트로 지시어를 입력하는 것만으로 고품질 이미지를 생성해 준다. 예를 들어 '타임스퀘어에서 스케이트보드를 타고 있는 힙합 스타일의 테디베어'라는 텍스트를 입력하면, '의미'와 '스타일'을 모두 포착하는 이미지를 생성해 낸다. 생성된 이미지의 의미와 스타일을 모두 유지하면서 세부적인 내용을 변경할 수도 있다. 두 가지 서로 다른 이미지를 합체해서 여러 가지 모양의 합성물을 만들 수도 있다. 만약 그림 속에 그려진 '스케이트보드'가 마음에 들지 않을 때, '자전거'를 입력하기만 하면 이미지가 곧바로 수정된다.

달리2가 이처럼 다양한 그림을 그릴 수 있는 이유는 '클립'(CLIP, Contrastive Language Image Pretraining)을 사용했기 때문이다. CLIP은 웹 기반 이미지-텍스트 쌍(Web-based Image-text Pair)을 활용하여 모델을 '비지도학습'의 방식으로 학습한다. 이미지-텍스트 쌍은 인터넷으로부터 정답(labeling)이 필요 없는 방식으로 수집되기 때문에 쉽게 매우 많은 양을 얻을 수 있다.

4. 예술창작의 조력자, 협력자로서 AI 활용

어디까지가 예술창작인지, 심미적 체험인지는 명확하지 않다. 예술에 관한 정의와 관점도 고정불변이 아니다. 19세기에 사진이 처음 등장했을 때 대체로 예술로 인정받지 못했지만, 회화와 병존하며 아날로그 시대 때부터 예술의 한 장르로 자리 잡았다. 붓과 물감을 가지고 대상을 그대로 묘사하는 그림을 사진이 대체하면서, 인상파, 점묘파, 입체파 등 새로운 사조가 연이어 등장하게 되었다. 사진은 오늘날 디지털 예술로 거듭나고 있다. 포토샵을 사용하여 사진이나 그림을 편집하거나, 다양한 그리기 앱을 활용하여 작품을 창작하는 것은 예술의 영역으로 허용되고 있다.

예술가가 작품에 관한 아이디어를 구상하고, GAN, 달리2 등 AI를 이용하여 그 구상에 맞는 이미지를 선택·추출한 후, 편집·보완하여 작품을 선보였다면 창의적인 작업으로 봐야 한다는 주장도 있다. AI가 독자적이고 주체적인 'AI 예술가'가 될지 단언하기 어렵지만, 사람의 기법, 창의성을 돕는 조력자 또는 협력자로서 역할을 맡으며, 새로운 예술 장르를 개척하는 과정에 있다.

AI 예술은 특히 대중예술에서 많이 활용될 것으로 예상되고, 표절, 독창성과 창작성 위축 등의 문제가 현실화할 것이다. 들뢰즈는

“우리의 일상적 삶이 표준화되고 천편일률화 될수록, 또 점점 더 소비 대상들의 가속적 재생산에 굴복하는 것처럼 보일수록, 그만큼 예술은 일상적 삶에 집착해야 한다. 더욱더 이 일상적 삶에서 어떤 작은 차이들을 끌어내어 반복의 다른 수준들 사이에서 동시적으로 유희하게 만들어주어야 한다.”[4]라고 한다.

작품을 구상하고 어떤 메시지를 담을지 결정하고, 설계도를 그리는 것은 예술가의 몫이다. AI의 조력 또는 협력을 받는 과정에서 작업이 한층 수월해질 수 있고, 새로운 영감을 얻을 수도 있다. 예술가가 창작 도구로서 AI를 활용하여 심미적 감성을 담아 만든 작품의 예술적 가치를 전적으로 부정하기는 어려울 것 같다. 사진이나 영화가 회화, 음악 등과 병존하며 예술의 한 장르로 자리 잡았듯이 AI를 활용한 예술창작도 그러한 과정을 밟고 있는 듯하다.

02
AI의 예술적 가능성과 전망

1. 사람의 의식 활동과 기계학습의 차이

기계학습의 작동 방식이 사람이 학습을 통해 지식을 습득하고 사고하는 방식과 유사하다고 하더라도, 사람의 의식활동과는 큰 차이가 난다.

첫째, 컴퓨터에는 사람의 상상력에 대응하는 것이 없다. 사람의 인식에서 감성과 지성은 성질이 전혀 달라 서로 직접 연결될 수 없어서, 양자의 성격을 공유한 상상력이 중간에서 이 둘을 연결한다. 감성이 감지하는 구체적 형상과 지성이 만드는 추상적 개념 사이에서 상상력이 '추상화된 형상', 곧 도식을 만들어 매개한다. 반면에 기계학습을 비롯한 모든 기계적 계산에서 컴퓨터에 입력되는 정보는 0과 1로 표시되는 디지털 데이터로 변환된다. 이 디지털화된 데이터를 가지고 바로 기계적 계산을 한다. 디지털 정보 입력은 감성의 작용에, 기계적 계산은 지성의 작용에 대응되지만, 상상력의 작용에 대응되는 것은 별도로 없다.

둘째, 기계학습 알고리즘 자체를 만드는 것은 기계적 계산이므로 지성의 활동에 대응한다. 기계학습 알고리즘의 학습 결과로 나온 판단 함수, 즉 문제풀이 방법은 사람의 상상력이 만든 도식과 매우 닮았다. 그 핵심적인 이유는 상상력이 도식을 만들 때 지성의 지시 아래에 있기 때문이다. 도식 기반 판단에서 상상력의 도식은 지성이 지정하는 개념에 들어맞게 그려진다. 바꾸어 말해 지성은 감성에 직접 작용하지 않고 상상력의 종합과 도식화를 통해 배후에서 간접적으로 작용한다. 컴퓨터 프로그래밍에서 기계학습의 방식을 활용하면 지성이 감성에 간접적으로 작용하는 효과를 거둘 수 있다.

그러나 상상력의 작동은 개념에 따르는 도식을 만드는 것에 한정되지 않는다. 상상력은 지성과는 다른 성질의 인식능력이다. 원래부터 상상력의 역할은 지성의 개념에 제한되지 않는다. 인식 영역에서 상상력은 이미 가지고 있는 개념에 적합한 도식을 만들기도 하지만, 개념에 어긋나는 도식을 만들 수도 있다. 상상력은 상황의 변화에 따라 직관과 개념을 일치시키기 위해 새로운 개념을 찾아가는 등 창조적인 지적 활동의 원동력이 된다. 기계학습으로 이러한 상상력의 다채로운 활동을 따라갈 수 있을지는 미지수다.

셋째, 미적 영역에서 상상력은 지성의 규정적 지시를 받지 않고 자유롭게 활동하고, 지성은 규정되지 않은 개념으로 활동한다. 상상력은 개념의 지배에서 벗어나 지성이 만들어내는 세계와는 다른 감각의 세계를 창조한다. 상상력과 지성이 자유롭게 유희함으로써, 참과 거짓이라는 인식의 논리에서 해방되어 감각의 논리라는 자신만의 고유한 질서를 갖추게 된다.

기계학습에서는 디지털 데이터가 기계적 계산으로 처리될 수 있을 뿐이므로, 상상력의 창조적이고 신비로운 작용에 대응되는 것은 없다. 사람에게서는 지성과 상상력의 작용이 명확히 다르지만, 기계학습에서는 기계적 계산만 있을 뿐이다.

넷째, 컴퓨터의 정보처리는 사람의 인식과 닮았지만, 컴퓨터는 자기 자신에 대한 인식이 없고, 욕망도 없으며, 감정도 느끼지 못하는 기계에 불과하다. 사람은 삶의 주체로서 욕망을 실천하고 아름다움을 느끼며 공감한다. 이러한 마음의 활동들은 '나는 생각한다'라는 '자기의식'에 하나로 통합되고 사람은 '자기 자신' 즉 자아를 인식하고 자기 자신을 실현하며 살아간다.

다섯째, AI 그 자체는 컴퓨터 프로그래밍에 불과하고 생명이 없으므로 감정을 품을 수 없고 느낄 수도 없다. 그래서 AI가 스스로 꽃의 향기나 아름다움을 느끼고 그 감정을 표현할 수는 없다. 대신에 AI가 감정적 표현을 식별하도록 프로그래밍하는 것은 얼마든지 가능하다. 감정은 사람의 마음 밖으로 나와서 언어, 음악, 미술 등 어떠한 방식으로든 표현되고 식별되어야만 다른 사람에게 전달되고 공감을 얻을 수 있기 때문이다. 즉 AI가 감정의 "표현"을 식별하고 포착할 수는 있다. 다만 그것은 표면적으로는 감성적 판단으로 보이지만, 인식 판단이라고 봐야 한다. AI에 의해 미적 감수성을 전달할 수 있는 이미지가 만들어질 수 있으나 AI가 그 감각을 느끼고 알아채서 표현하는 것은 아니다. GAN을 사용해 그림을 그리는 것은 단지 표현된 것의 겉모습만 흉내 낸 것에 불과하다. 표면적으로 미적 판단으로 보이지만, 본질적으로 인식 판단이다.

미적 감각이나 이념은 의식으로 명확히 설명되지 않는 것도 많다. 촉각이나 고통이 주는 미세한 신체의 반응, 색채나 소리의 조화와 부조화에서 받는 느낌, 증오, 사랑의 감정, 도덕적, 종교적 감정 등이 그것이다.[5] 기계학습으로 이러한 사람의 직감이나 느낌을 흉내 낼 수는 있으나 사람처럼 공감하거나 이해하는 것에는 이르지 못하고 있다.

2. AI 예술과 도식

아름다움은 예술가의 기예에 담겨 표현된다. 예술가는 기예를 연마하여 아름다움을 감각으로 그려낸다. 칸트는 기예를 쾌적한 기예와 미적 기예로 나눈다. 쾌적한 기예는 일차적 감각, 즉 향락을 목적으로 하는 기예로서 감관취미에 속한다. 미적 기예는 이차적 감각, 즉 공통감을 목적으로 하는 기예로서 반성취미에 속한다.

예술작품 속에 개개의 질료적인 경험을 보편화할 수 있는 형식이 숨어 있다면, 이 형식을 찾아낸 사람들은 그 속에 담긴 즐거움을 공감할 수 있다. 미적 영역의 보편성은 객관적 개념이 아니라 형식적인 합목적성에 근거한다. 상상력과 지성의 자유로운 유희의 마음 상태가 개념이 아닌 감각에 실려 보편적으로 전달된다. 다시 말해서 가

공 없이 전달되는 일차적인 감각이나 개념적인 타산성은 경험적이고 질료적이라서 바깥으로 표현된다. 하지만 형식적 합목적성은 비어 있고 안으로 숨어 있다. 예술가가 겉으로 드러나지 않는 형식적 합목적성을 미적 기예로 담아낼 수 있으려면 타고난 재능과 전문적인 수련의 과정이 필요하다.

쇼펜하우어는 모방자, 타성에 빠진 예술가, 모조자, 맹목적인 추종자는 예술을 개념으로부터 출발한다고 한다. 즉 "그들은 진정한 작품에서 마음에 들거나 돋보이는 점을 눈여겨보고, 그것을 분명하게 해서 개념으로, 즉 추상적으로 파악하고는 이제 노골적이거나 은밀하게 약삭빠른 생각을 갖고 모방한다."6)

한편, 컴퓨터 프로그래밍은 지성의 논리성, 규칙성을 정보처리로 정량화할 수 있는 길을 열었다. 이러한 정보처리로는 사람의 지능을 따라잡기에는 턱없이 모자랐다. 데이터와 규칙 사이를 연결하는 상상력의 작용이 없었기 때문이다. 즉 형상과 개념을 합치시키는 형상들의 공통적 척도인 도식은 상상력과 판단력에 의해 그려지기 때문에 그것을 규칙 기반 프로그래밍으로 구현하기 쉽지 않았다.

사람들은 논리 정연하게 명확히 설명하지 못하더라도 상상력과 판단력의 힘으로, 즉 도식 기반 판단으로 일상적인 일들이나 복잡하게 얽힌 문제들을 잘 해결하면서 살아간다. 이러한 도식을 끌어내는 상상력의 마음속 깊이 숨겨진 기술과 판단력의 타고난 재능 뒤에서는 지성의 체계적 통일작용이 숨어 있다. 인터넷의 발달 등으로 수많은 데이터가 디지털 데이터로 전환되고 기계학습 소프트웨어와 하드웨어의 성능도 향상되면서 기계학습은 도식의 배후에 숨어 있는 지성의 규칙성을 포착할 줄 알게 되었다.

감각적 즐거움을 주는 일반적인 패턴, 보기 좋고 정교한 무늬, 아름답고 표준적인 사람의 얼굴과 웅장하고 숭고한 느낌을 주는 건축물, 유명 화가의 예술적 기예로서의 화풍 등은 겉으로 드러난다. 형식적 합목적성이 담기지 않은 예술작품도 많다. 이러한 작품들은 겉으로 드러나는 것 외 속에 숨겨진 "깊이와 통일성"이 없다. 표면적인 감각적 즐거움이나 개념적 타산성은 "도식"을 산출하는 데 그친다. 그래서 딥러닝과 생성형 AI로 그 패턴을 학습하여 재현하거나 복제할 수 있을 것이다.

'CAN'은 기존의 예술작품과 비슷하게 보이면서도, 기존에는 없는 새로운 예술작품을 만들어낸다. '달리2'는 인터넷에 있는 이미지와 텍스트의 쌍들을 학습하여, 특정 문장을 입력하면 그 문장의 의미와 스타일을 모두 포착하는 이미지를 생성할 수 있다. 'CAN'과 '달리2'는 딥러닝으로 지성의 숨은 규칙성, 곧 도식을 포착해서 이러한 결과물들을 내놓는다.

AI에 의해 우연히 겉으로 드러나지 않는 형식적 합목적성이 담긴 형상이나 선율이 만들어질 수는 있다. 그렇지만 AI가 알아차리고 만든 것은 아닐 것이다. 예술가가 AI를 작품 창작에 활용할 수 있지만, 예술적 감수성을 포착하고 표현하는 것은 예술가의 몫이다.

3. AI 예술과 심상

직관으로 받아들여진 현상들은 상상력에 의해 쪼개지거나 합쳐져 시간이라는 마음속에 있는 분류 장치에 따라 정리되고, 지성의 체계적 통일작용에 의해 개념으로 만들어진다. 이때 직관에서 개념으로 바로 건너갈 수는 없어 그사이를 도식이 이어준다. 도식은 상상력이 그리지만 그 배후에는 지성의 통일작용이 있다.

도식과 마찬가지로 심상(心象)도 상상력이 그리지만, 심상을 그리는 배후에는 "마음속의 생동감"이 있다. 현상들은 지성에 의한 통합과는 다른 방식으로 통합된다. 현상을 포착하는 시각, 청각 등의 개별적인 감각들은 이 생동감에 의해 공통감각으로 통합된다. 마음속의 생동감은 정신 또는 영혼에 힘을 불어넣어 공통감각의 리듬으로, 현상세계의 한계를 초월하는 통합으로 나간다.

그에 더하여 자기의식과 자유의지를 가지고 살아가는 사람의 실존과 영혼은 경험적 현상만으로 설명될 수 없다. 영원, 창조, 사랑, 죽음 등 이성의 이념은 경험을 넘어선다. 또한 우리는 심미적 체험 속에서 자기 내면에서 원천을 숨기고 있던 미감적 이념을 발견한다. 미감적 이념은 이성적 이념이 내포하며 표현할 수 없었던 것을 드러낸다. 미감적 이념에 의해 일으켜진 마음의 정조가 음악, 회화, 언어 등의 표현을 통해 다른 사람들에게 전달된다.

쇼펜하우어에 따르면, 이념은 모든 진정한 예술작품의 참되고 유일한 원천이다. 즉 "이념은 그 힘찬 근원성 속에서 생명 그 자체와 자연과 세계로부터만 얻어진다. 자체 내에 불멸의 생명력을 지니는 진정한 작품은 그러한 직접적인 수태로부터만 생긴다. 이념은 직관적이다. 예술가는 자기 작품의 의도와 목표를 추상적으로 의식하지 않는다. 그의 눈앞에 떠오르는 것은 개념이 아닌 이념이다."[7)]

지성의 지시에 따라 상상력이 그리는 도식은 무미건조하다. 반면에 상상력과 지성이 자유롭게 즐기며 그리는 "심상"(心象)은 살아 움직이는 리듬이다. 그 리듬은 형식적 합목적성이라는 비어 있는 일체감을 표현한다. 또한 그 리듬은 미감적 이념 또는 공통감각을 표현한다. 형식적 합목적성과 공통감각은 마음속에서 주관적 심상으로 나타날 뿐이고, 객관적 도식으로 그려지지 않는다. 감각들이 통일될 때 느껴지는 리듬을 기계학습의 통계와 확률로 계산해 낼 수 있을지는 결론을 내리기 쉽지 않다. AI가 자신의 "유한성을 인식"하는 단계에 이르면, 단순히 겉으로 드러나는 것들을 흉내 내는 것을 넘어 마음속의 공통감각이 만들어내는 심상을 포착할 수 있을지도 모른다.

Chapter 09

챗지피티 등 대형언어모델

01
AGI의 초기 단계로 진입한 대형언어모델

1. 범용적 활용

구글 딥마인드 팀은 2023년 11월에 "AGI의 수준: AGI로 나아가는 과정의 현실화"라는 글에서 AI를 제한적(narrow) 활용과 범용적(general) 활용의 2단계로 나누고, 그 각각을 성능에 따라 6단계로 세분하였다.[1] 구글 딥마인드 팀이 AI에서 AGI로 가는 과정에 있는 주요 AI를 이 기준에 따라 분류한 표는 아래와 같다.[2]

일반성 성능	제한적(Narrow) 명확하게 범위가 지정된 작업 또는 작업 세트	범용적(General) 새로운 기술 학습과 같은 메타인지 능력을 포함한 광범위한 비신체적 작업
레벨 0: No AI	Narrow Non-AI 계산기 소프트웨어; 컴파일러	General Non-AI Amazon Mechanical Turk와 같은 사람 참여형 (Human in the loop) 컴퓨팅

성능 \ 일반성	제한적(Narrow) 명확하게 범위가 지정된 작업 또는 작업 세트	범용적(General) 새로운 기술 학습과 같은 메타인지 능력을 포함한 광범위한 비신체적 작업
레벨 1: 신흥(Emerging) 비숙련 사람과 같거나 조금 더 나음	Emerging Narrow AI GOFAI; SHRDLU (Winograd, 1971)와 같은 간단한 규칙 기반 시스템	Emerging AGI ChatGPT(OpenAI, 2023), Bard(Anil 외, 2023), Llama 2 (Touvron 외, 2023)
레벨 2: 유능(Competent) 최소한 숙련된 성인의 50%	Competent Narrow AI Jigsaw(Das 외, 2022)와 같은 독성 탐지기; Siri(Apple), Alexa(Amazon), Google Assistant(Google)와 같은 스마트 스피커; PaLI(Chen 외, 2023)와 같은 VQA 시스템; 왓슨(IBM); SOTA LLMs(예: 짧은 에세이 작성, 간단한 코딩)	Competent AGI 아직 달성하지 못함
레벨 3: 전문가(Expert) 최소한 숙련된 성인의 90%	Expert Narrow AI Grammarly(Grammarly, 2023)와 같은 철자 및 문법검사기; Imagen (Saharia 외, 2022) 또는 Dall-E2(Ramesh 외, 2022)와 같은 생성 이미지 모델	Expert AGI 아직 달성하지 못함
레벨 4: 거장(Virtuoso) 최소한 숙련된 성인의 99%	Virtuoso Narrow AI Deep Blue(Campbell 외, 2002), AlphaGo(Silver 외, 2016, 2017)	Virtuoso AGI 아직 달성하지 못함
레벨 5: 초인(Superhuman) 사람의 100%를 능가	Superhuman Narrow AI AlphaFold(Jumper 외, 2021; Varadi 외, 2021), AlphaZero (Silver 외, 2018), StockFish (Stockfish, 2023)	Artificial Super Intelligence(ASI) 아직 달성하지 못함

예를 들어 달리(Dall-E)2는 그림이라는 특정된 과업 달성에 쓰이고, 성능 면에서 3단계 '전문가'(Expert)로서 숙련된 성인의 90% 능력을 발휘한다. 달리(Dall-E)2는 대부분 사람이 그릴 수 있는 것보다 더 높은 품질의 이미지를 생성하므로 성능이 전문가 수준으로 추정되지만, 손가락을 6개로 그리는 등의 오류도 있기 때문이다. 알파고는 바둑이라는 특정된(narrow) 과업 달성에 쓰이고, 성능 면에서 4단계 '거장'(Virtuoso)으로 숙련된 성인의 99% 능력을 발휘한다. 또한 AlphaFold는 아미노산 염기서열에서 단백질의 3차원 구조를 예측하는 단일 작업을 수행하는 데 있어, 세계 최고의 과학자 수준 이상이기 때문에 5단계 '초인'(Superhuman)으로 분류된다.

구글 딥마인드 팀의 분류에 의하면, 챗지피티(ChatGPT)는 범용적(General)이고, 성능 면에서 1단계 '신흥'(Emerging)으로서 숙련되지 않은 사람의 능력과 비슷하거나 조금 더 나은 능력을 갖췄다. 이는 AI의 단계를 넘어 Emerging AGI의 단계로 진입한 것으로 평가된다. 그보다 1단계만 높아져도 유능(Competent) AGI로 진화하여, 숙련된 성인의 50% 정도 능력을 발휘하게 된다. 또한 구글 딥마인드 팀은 이 분류표와는 별개로, 각각의 단계별로 AI가 실제 배치될 때 문제될 수 있는 위험성, 자율성의 허용 범위 등 사회적, 윤리적 문제를 다룬다. Emerging AGI의 단계에서는 "조언자"로서의 자율성이 주어진다. 즉 사람의 지시에 따라 중요성이 있는 임무를 수행하게 된다. Competent AGI의 단계에서는 AI에 "협력자"로서의 자율성이 주어진다. 이때는 사람과 대등한 입장에서 협력하며 임무를 수행한다.

Emerging AGI의 단계에서도 때에 따라서는 AI가 협력자 역할을 맡을 수도 있다.

챗지피티는 오픈AI가 개발한 '대형언어모델'(Large Language Model, LLM)의 이름이다. 2022년 11월에 GPT-3.5가 출시되었는데, 이때부터 챗지피티라는 이름을 사용하기 시작했고, 2023년 3월에 GPT-4가 나왔다. 구글의 바드(Bard), 제미나이(Gemini), 메타의 라마(Llama), 엔트로픽의 클로드(Claude), xAI의 그록(Grok) 등도 대형언어모델이다. 이하에서는 대중적으로 많이 알려진 챗지피티를 여러 대형언어모델을 대표해서 지칭하기로 한다.

챗지피티는 인터넷 문서나 책 등에서 방대한 양의 자료를 수집해 학습한 다음, 사람처럼 대화하고 글을 쓰며 코딩도 하는 범용적(General) 서비스다. 구글 연구팀 등 일부 연구자들은 GPT-4가 초기 범용인공지능(Artificial General Intelligence, AGI)에 진입했다고 평가했다. AGI는 일부 작업에만 특화된 것이 아니라 사람처럼 다양한 작업을 이해하고 수행할 수 있는 AI이다.

챗지피티는 검색, 통역, 보고서 작성 등 일상에 깊이 스며들고 있을 뿐만 아니라 의료 진단, 법률문서 작성, 주가 분석, 코딩, 작곡, 산업디자인, 과학 연구 등 다양한 분야에서 범용적으로 활용되며 큰 변화를 일으키고 있다. 챗지피티는 성능의 질적인 면에서도 미국 모의 변호사 시험에서 상위 10%에 드는 점수를 받고, 우리나라의 수능에 해당하는 미국 SAT의 읽기와 수학 시험에서도 상위 10%에 들었다고 한다.

챗지피티는 이러한 성능을 바탕으로 여러 방면에서 사람의 일을 돕고 있다. 챗지피티는 사람과 자연스럽게 대화하며 일상적인 질문에 답변하고 복잡한 주제도 빠르게 설명해준다. 학교에서 발표할 프리젠테이션을 만들 때, 모임에서 인사말이나 축사를 할 때, 식당에서 메뉴판을 만들고 홍보 문구를 작성할 때, 회사에서 회의록을 요약할 때, 취업이나 창업에 필요한 자기소개서나 사업계획서를 작성할 때, 챗지피티로 초안을 작성하고 문구를 다듬으면 시간을 절약하고 좋은 아이디어를 얻을 수 있다. 챗지피티는 과학, 경제, 정치, 역사, 철학 등 인류가 쌓아온 여러 분야의 전문 지식을 여러 가지 언어로 정확도 높게 번역한다. 또한 전문적인 개념들을 정리하고, 논문을 요약해 연구 자료를 분석하는 데도 도움을 준다. 애널리스트가 주가를 분석할 때, 프로그래머가 코드를 작성하고 오류를 수정할 때, 의사가 엑스레이를 판독할 때, 법률가가 소장이나 준비서면을 작성할 때 챗지피티 등 대형언어모델을 이용할 줄 모르면 경쟁에서 뒤처질 수 있는 시대도 머지않았다.

2. 딥러닝 기반 대형언어모델

챗지피티에게 질문하면 사람처럼 질문의 의미를 이해하고 답하는 것처럼 느껴진다. 깜짝 놀랄 정도로 창의적인 아이디어를 제공하거나 딱 들어맞는 표현으로 답하기도 한다. 그렇다면 챗지피티가 정말로 질문의 의미를 이해했을까? "의미"를 이해했다고 볼 수 있는지에 대해서는 의견이 다를 수 있겠지만, 적어도 "사람처럼" 이해하고 답하는 것은 아니라는 점에서는 이견이 없다. 예를 들어, "낮에 하루 종일 걸어다녔다. 저녁에는 집에서 [ ]"라고 할 때, [ ]에 들어갈 단어 후보로 ① '쉬겠다', ② '운동하겠다', ③ '청소하겠다'가 주어진다고 하자. 사람은 자신의 경험, 감정, 생각 등을 나타내기 위해 그에 들어맞는 '낮', '에', '하루' 등의 개념들을 찾아 말한다. 문장을 이어갈 때도 전달하려는 의미에 적합한 개념을 찾아내어 표현한다. 반면에 언어모델은 각각의 개념이 어떤 의미인지 전혀 모르는 상태에서 단어들의 배열에 대한 확률분포를 기반으로 말을 이어간다. 그래서 문맥상 '쉬겠다'라는 단어가 선택될 확률이 가장 높게 된다. 다시 말해, 언어모델은 주어진 문맥을 바탕으로 다음에 오기 적합한 단어나 문장을 확률에 따라 예측하는 방식으로 말을 이어간다.

대형언어모델은 심층신경망(Deep Learning) 모델이다. 입력 데이터들은 여러 겹의 층들로 나누어져 연결된 뉴런을 통해 전달되고 매개변수(parameter)들을 조정함으로써 학습이 이루어진다. 모델이 클수록, 즉 매개변수가 많을수록 성능이 좋아짐으로써 뒤에 올 단어가 무엇인지를 더 잘 맞힌다. GPT-3 모델은 1,750억 개의 매개변수를 사용하는 것으로 추정된다.

언어모델의 대형화 못지않게, 많은 데이터를 사용해 학습하는 것도 중요하다. 모델의 성능을 높이는 데는 모델의 크기보다 데이터 사용량이 더 중요하다는 연구 결과도 있다. 모델의 학습에 필요한 데이터는 대부분 웹사이트에서 수집한다. GPT-3 모델은 5천억 개의 단어라는 방대한 양의 데이터로 훈련된 것으로 알려졌다. 따라서 대형언어모델은 단순히 다음에 나올 단어를 예측하는 기계일 뿐만 아니라 인류가 축적해 온 지식과 문화를 담고 있는 거대한 지식 저장고이기도 하다. 사람이 일일이 정답 여부를 판별해 레이블링(Labeling)하는 지도학습(supervised Learning)의 방식으로는 이렇게 많은 데이터를 다룰 수 없다. 그래서 대형언어모델은 비지도학습(Unsupervised Learning) 방식으로 훈련한다. 인터넷에 있는 레이블링이 되어 있지 않은 수많은 문장을 활용하여 문맥에 따른 다음 단어의 적합성을 스스로 학습한다. 게다가 GPU(Graphics Processing Unit) 하드웨어로 병렬 연산을 하면 방대한 데이터를 빠른 속도로 학습할 수 있다.

3. 트랜스포머

챗지피티의 기반 모델인 'GPT'(Generative Pre-trained Transformer)는 2018년 '오픈AI'에서 출시하였다. 이름 그대로 2017년 구글 연구팀이 발표한 트랜스포머(Transformer) 모델을 기반으로 한 '사전학습 생성형' AI다. 대부분의 대형언어모델 골격을 이루는 트랜스포머의 구조를 살펴보자.

(1) 토큰과 벡터

트랜스포머에 텍스트로 된 데이터를 입력하려면 먼저 텍스트를 최소 언어 단위인 토큰(token)으로 바꿔야 한다. 토큰은 단어일 수 있고 형태소일 수도 있다. "점심을 먹었다."라는 문장을 형태소로 분해하면, "점심(명사), 을(조사), 먹(동사 어간), 었(선어말 어미), 다(종결 어미)"가 된다. 형태소별로 토큰을 만들면 각 단어의 품사와 역할을 파악하기 쉽다.

그다음 토큰을 벡터(vector)라는 숫자로 바꾼다. 벡터는 단어가 갖는 의미를 추출해 수치화한 것이라고 한다. 그런데 단어의 의미를 숫자로 나타내는 것이 가능할까? 장미꽃의 형상은 길이, 너비 등의 특성별로 나누어 그 특성을 수치로 표현할 수 있겠지만, 장미꽃이라는 단어 자체는 그런 방식으로는 수치화할 수는 없다.

단어를 벡터로 바꾸는 대표적인 모델 중 하나인 워드투벡(Word2Vec)은 "비슷한 문맥에 등장하는 단어는 비슷한 의미를 가진다"는 아이디어를 활용한다. 예를 들어 고양이, 강아지와 같은 단어는 반려동물, 귀엽다, 털과 같은 단어와 함께 자주 사용된다.

"고양이는 집에서 키우는 털이 많은 반려동물이다"라는 문장이 있다고 하자.

- 고양이는 [?] 키우는 털이 많은 반려동물이다
- 고양이는 집에서 [?] 털이 많은 반려동물이다
- 고양이는 집에서 키우는 [?] 많은 반려동물이다

이와 같이 빈칸을 설정하고 그 빈칸에 들어갈 단어가 무엇인지 맞히는 방식으로 딥러닝 알고리즘을 짜서 학습한다. 수많은 문장을 학습하면 다양한 문맥 속에서 단어들 사이에 어떤 관계가 있는지를

파악할 수 있게 되고 그 관계를 수치로 나타낼 수도 있다. 빈칸의 '집' '키우다' '털'이라는 각 단어는 [0.12 0.81 0.01 ...] 등의 벡터로 변환된다. 두 단어의 벡터 간 거리가 가까울수록 의미가 비슷하다. 이처럼 텍스트 데이터의 특성을 여러 개의 숫자로 구성된 벡터로 변환하는 것을 임베딩(Embedding)이라고 한다. 참고로 챗지피티는 한 단어를 3,072개의 특징을 지닌 숫자로 임베딩한다.

엄밀히 말하자면 한 단어의 고유한 의미, 즉 개념 그 자체를 수치로 나타낼 수는 없다. 임베딩은 한 단어가 다른 단어들과 어떤 관계를 이루면서 문맥을 형성하는지를 수치화한 것이다. 언어모델이 마치 단어의 의미를 이해한 것처럼 보이지만 단순히 숫자와 위치를 계산한 것뿐이다.

(2) 어텐션

어텐션(Attention)은 인공신경망을 활용해 번역할 때 번역의 질을 높이기 위해서 고안된 장치다. 'I had lunch'를 '나는 점심을 먹었다'라고 번역한다고 하자. 어텐션을 사용하기 전에는 'had'를 번역할 때 ① 앞선 단어의 번역인 '나는'과 ② 'I had lunch'라는 문장 전체를 참고해서 '먹었다'라고 번역했다. 'had'는 '먹었다', '가졌다' 등 다양하게 번역될 수 있지만, 앞선 단어와 전체 문장을 참고할 때 '먹었다'로 번역하는 것이 더 적합하다.

그런데 전체 문장이 길어질 때는 거리가 먼 단어 사이의 관계를 파악하기 어렵다는 문제가 있었다. 어텐션은 이 단점을 보완하여, 단어 사이의 거리가 멀더라도 서로 관련이 있는 단어라면 그 단어에 별도로 표시를 해두어 가중치를 높였다. 기존에는 전체 문장의 벡터값을 한 번만 만들어 단어를 번역할 때마다 계속 사용했지만, 어텐션을 쓰면 한 단어씩 번역할 때마다 가중치를 다르게 해서 새로운 벡터값을 만든다.

요컨대 어텐션은 모델이 입력 문장의 각 단어에 대해 얼마나 주의를 기울여야 하는지를 결정하는 메커니즘이다. 이것은 사람이 문장을 읽고 이해할 때 중요한 단어에 집중하는 방식과 유사하다. 게다가 트랜스포머는 동일한 데이터에 여러 개의 어텐션 메커니즘을 병렬로 적용하여 다양한 방식으로 정보를 수집하고 분석할 수 있게 한다. 이를 통해 모델은 데이터의 다양한 측면을 동시에 고려할 수 있으며, 결과적으로 더 풍부하고 다차원적인 데이터 표현을 얻을 수 있다. 토큰과 토큰 사이의 관계를 수많은 어텐션을 통해 찾아내는 것이 트랜스포머 모델의 핵심이다.

(3) 사전학습모델

챗지피티는 주어진 문맥을 바탕으로 자연스럽고 적절한 다음 단어를 차례대로 예측해서 완전한 문장을 만들어낸다. 예를 들어, '나는 아침에 밥을 먹었다'라는 문장이 있을 때, '나는 아침에 밥을'이라는 부분까지만 보고 다음에 올 단어가 '먹었다'일 확률이 높다는 것을 학습한다. 모델 학습을 할 때 '먹었다'라고 예측하면 정답이므로 뉴런의 매개변수를 수정할 필요가 없다. 만약 '잤다'라고 예측하면 오답이므로 매개변수를 조정한다. 예측 단어가 '먹었다'가 될 때까지 계속해 매개변수를 갱신한다. GPT-3 모델의 경우에 1,750억 개의 매개변수로 5천억 개의 단어를 학습해서 단어와 단어 사이의 관계, 문맥의 패턴을 파악하게 된다. 즉 수많은 문장에 담긴 패턴에 근접하도록 모델이 학습된다. 이렇게 사전학습을 통해 토큰을 생성하는 것을 '추론'(Inference)이라고 한다.

그런데 챗지피티가 가장 높은 확률의 단어만 고르게 되면 매번 같은 대답만 할 것이다. 평범하고 틀에 박힌 대답만 하면 재미가 없다. 저자는 영화를 고를 때, 예매 순위 1, 2 등보다는 그 아래 순위를 더 선호한다. 순위가 너무 높으면 작품성과 독창성이 떨어지는 경향이 있고, 순위가 너무 아래면 대중성과 오락성이 떨어지는 경향이 있기 때문이다. 챗지피티도 그때그때 다른 답변을 할 수 있도록 여러 가지 장치가 추가되는데, 온도(Temperature) 값이 그 중 대표적인 조정장치이다. 온도를 높이면 좀 더 다양한 답변을 할 수 있고, 반대로 온도를 낮추면 좀 더 일정한 답변을 하게 된다. 챗지피티의 온도를 0.2 정도로 낮게 설정하면 거의 같은 대답을 한다.

4. 사후학습

문장의 구조와 패턴을 익히는 사전학습만 했을 때 챗지피티는 사실과 다르거나 질문의 취지와 동떨어진 답변을 하기도 한다. 모델이 크고 데이터가 많다고 하더라도 언어모델은 인터넷 데이터를 긁

어와 다음 단어를 예측하는 단순 확률모델에 불과하기 때문이다. 단어의 뜻 자체를 이해하는 것이 아니라 단어 사이 관계를 탐색해 문맥상 자연스럽고 뜻이 통하는 표현을 붙여나갈 뿐이다. 사람도 마찬가지다. 잘 이해하지 못한 것을 그럴싸하게 말하려다 보면 지어내서 말하기 마련이다. 머릿속에 많은 지식이 들어 있는 것과 그 지식을 체계적으로 이해하는 것은 다른 것이다. 어떤 것을 완벽하게 이해한 사람만이 난이도 높은 질문을 받더라도 궁금증이 해소될 수 있도록 쉽게 답한다.

'한글을 만든 사람이 누구지?'와 같이 단순한 질문에는 지식을 나열해서 답하기만 하면 된다. 그런데 '유치원생도 이해할 수 있게 한글 창제 원리를 설명해 줘.'라고 요구하면 단순 암기 지식이 머릿속에 있어도 답하기 쉽지 않다. 실제로 언어모델이 사전학습만 했을 때는 이런 유형의 질문에 제대로 된 답변을 내놓지 못했다. 또한 사전학습만 한 언어모델은 인터넷에 퍼져 있는 유해하거나 편향된 데이터도 여과하지 않은 채 그대로 학습해서 부적절한 답변을 하기도 했다. 없는 일을 마치 진짜인 것처럼 말을 지어내서 답변을 생성하기도 했다.

언어모델이 사용자의 요구에 맞는 작업을 수행하면서도 적정하고 사실에 맞게 답변할 수 있도록 오픈AI는 사전학습 이후 단계에서 여러 가지 보완 장치를 마련했다. 그 1단계가 '지도 미세 조정'(Supervised Fine-Tuning, SFT)이다. 다양한 인종, 국적, 연령대로 구성된 데이터 레이블링 팀이 수작업으로 질문과 정답의 쌍으로 이루어진 데이터셋(Dataset)을 만들었다. '항목별로 정리해 줘'와 같은 지시가 있으면 그 형식에 맞게 답변하고, 유해한 질문에 대해서는 '그에 대해서는 답변할 수 없습니다'와 같은 안전한 답변을 하는 데이터셋을 가지고 사전학습모델을 다시 학습시켰다.

이렇게 만든 SFT 모델의 수준을 더 높이기 위해 오픈AI는 강화학습을 도입했다. 본격적인 강화학습을 하기 전에 오픈AI는 사람이 피드백을 주는 2단계 모델을 추가했다. 여러 개의 SFT 모델이 내놓은 답변을 두고 사람이 직접 어떤 답변이 좋은지 선호도를 평가해서 순위를 매겼다. 이처럼 사람이 피드백을 주는 2단계를 보상모델(Reward Model, RM)이라고 한다. RM 모델은 사람들이 얼마나 선호하는 내용인지를 평가한다. 만약 선호하는 내용이라면 보상을 많이 주고, 선호하지 않는 내용이라면 보상을 적게 준다.

3단계에서는 강화학습 알고리즘으로 학습한다. SFT 모델이 출력한 문장에 대해 RM 모델로 선호도를 평가해서 선호도가 높으면 보상(Reward)을 많이 주고 선호도가 낮으면 보상을 적게 준다. 강화학습 알고리즘을 사용해 이 과정을 반복해서 학습하면 SFT 모델이 사람들의 선호도가 높은 쪽으로 답변하도록 개선된다. 이 과정에서는 사람이 개입하여 일일이 평가하지 않고 강화학습의 알고리즘에 따라 학습이 진행된다.

2단계, 3단계로 된 이 강화학습은 사람이 직접 보상을 평가하는 단계도 포함되어 있다는 의미에서 '인간 피드백을 이용한 강화학습'(Reinforcement Learning from Human Feedback, RLHF)이라고 칭한다.

챗지피티에 SFT, RLHF 등의 사후학습(Post Training)이 적용되고, 답변의 정확도와 적절성을 강화하는 다른 보완조치 등이 추가됨으로써, 답변의 수준이 크게 올라갔다. 2022년 11월에 공개되었을 때 챗지피티는 어려운 질문에도 사람처럼 자연스럽게 답변하고, 문제가 될 만한 답변은 가려서 회피하는 모습을 보여 세상을 놀라게 했다.

02

대형언어모델은 이해하고 답하는가

1. 지능정보사회로의 진입과 AGI

인터넷, 사물인터넷(IOT), 클라우딩 컴퓨터기술 등 정보통신의 발달과 기계학습, 딥러닝 등 지능정보기술의 발달로 인하여, 인류가 축적하는 지식과 문화가 디지털 정보로 변환되어 수집, 분석, 가공될 수 있게 되었다. 또한 이러한 모든 것이 언제 어디서나 연결되어 초연결지능정보통신망을 구축할 수 있는 단계까지 이르렀다.

멀티 모달리티(Multi-Modality, 다중 양상) AI는 이미지, 음성, 동작, 표정 등의 여러 감각 영역을 넘나들며 다양한 생성물을 내놓는다. 챗지피티 등 대형언어모델은 인터넷에 올려진 일상적 삶, 전문지식, 창작물 등 방대한 양의 디지털 정보를 초거대 신경망에 담는다. 이에 따라 산업, 경제, 사회, 문화, 행정 등 전 분야가 지능정보화의 영향을 받는 지능정보사회로 진입하였다.

글로벌 AI 기업들과 수많은 스타트업 업체는 우수인력 확보와 시설 투자에 돈을 아끼지 않으며 고품질의 대형언어모델 개발에 경쟁하고 있다. 비지도학습, 강화학습, 지도학습, 규칙 기반 프로그래밍 등 다양한 프로그래밍 기법이 접목되고, GPU 등의 하드웨어도 성능이 높아지고 있다. 그 결과로 대형언어모델은 단시간에 AGI의 초기 단계에 진입했다는 평가를 받고 있다.

구글 딥마인드 팀이 AI를 너비와 깊이에 따라 분류할 때 기준이 된 원칙에 따르면, AI가 어떤 구조로 작동되는지가 아니라, 어떤 작업을 수행할 수 있는지가 중요하다. 즉 AI는 사람과 같은 방식으로 생각하거나 이해하는 시스템이 아니기 때문에, AI가 의식(주관적 인식) 또는 감수성(감정을 갖추는 능력)과 같은 특성이 있는지에 관심을 집중할 필요가 없다는 것이다. 이 원칙에 따라 구글 딥마인드 팀은 챗지피티, Bard, Llama 등 대형언어모델이 일반적 과제 수행에서 어느 정도 수준에 도달했는지, 어느 범위까지 사람의 업무를 보조하거나 대신할 수 있는지를 분석하여 Emerging AGI의 단계에 이르렀다고 평가했다.

2. 견해의 대립

AI는 사람처럼 생각하거나 이해하는 시스템이 아니라는 관점에서는, "대형언어모델이 질문을 이해하고 답변하느냐?"는 좋은 문제 제기가 아닐 수 있다. 하지만 대형언어모델이 빠른 속도로 사람의 능력을 따라잡으면서 '언어 표현의 의미를 이해하느냐'는 현실적으로

닥친 문제가 되었다. 일부 연구자들은 챗지피티의 등장 이후 대형언어모델의 성능이 비약적으로 상승함에 따라 사람 고유의 추론 능력을 하나씩 획득해 가고 있다고 주장한다. 반면에 일부 연구자들은 대형언어모델에 대해, 언어의 의미를 이해하지 못한 채 통계 추론을 통해 다음 단어를 예측하는 확률적 앵무새에 불과하다고 평가한다.

사람은 언어 표현을 어떻게 이해하는지, 언어모델은 사람의 언어 표현을 이해한다고 볼 수 있는지, 사람과 같은 방식으로 이해하지 않더라도 사람의 언어 이해를 따라올 수 있는 것은 아닌지, 어느 정도까지 사람의 능력을 따라올 수 있는지, 사람의 능력을 능가할 수도 있는 것은 아닌지 등의 문제는 추상적인 논의 수준에 머무르는 것이 아니라 현실적으로 풀어나가야 할 문제라고 할 것이다.

3. 3가지 종류의 언어 이해

"대형언어모델이 질문을 이해하고 답변하느냐?"와 관련하여, 천현득 교수는 언어 이해의 종류를 세 가지로 나누어서 그에 대한 해답을 찾아간다.[3] 저자도 사람의 언어 이해를 질적으로 구분할 수 있다면 나누어 검토하는 것이 타당하다고 본다. 천 교수는 언어 이해를 '독특한 언어 이해'와 '인지적 이해'로 구분한다. 다시 '인지적 이해'를 '의미론적 이해'와 '인식론적 이해'로 나눈다. 천 교수는 대형언어모델이 '독특한 언어 이해'를 가지지만 진정한 의미의 '인지적 이해'를 가지지는 못한다고 주장한다. 먼저 천 교수의 주장을 요약해서 소개하고, 이를 토대로 저자가 나름대로 검토하기로 한다.

(1) 독특한 언어 이해

사람은 경험을 통해 이해한 것이나 생각한 것을 언어로 표현한다. 그렇더라도 세상에 대한 이해와 언어를 통한 표현은 같은 것이 아니다. 사람의 두뇌에서 언어를 처리하는 회로와 비언어적인 인지적 과제를 수행하는 회로는 별개로 구성된다. 예를 들어 실어증 환자 가운데 일부는 언어적 이해와 표현 능력을 상실했지만, 체스를 두고 음악을 작곡하는 등 비언어적인 인지능력을 보존하는 경우도 있다.

천 교수는 이와 같이 이해를 언어적 이해와 인지적 이해로 구분할 수 있다고 보며, 세상에 대한 인지에 의존하지 않는 언어 이해 능력을 "독특한 언어 이해"(distinctively linguistic understanding, DL-이해)라고 칭한다. 문법 등 언어의 규칙이나 불규칙적인 변화의 패턴 이해가 여기에 해당한다. 천 교수는 대형언어모델이 독특한 언어 이해를 가진다는 사실은 부정하기 어렵다고 본다. 대형언어모델은 방대한 데이터로부터 어떤 단어가 어떤 단어와 더불어 문장 속에서 나타나는지에 관한 수많은 통계적인 연관을 학습하고, 이로부터 맥락에 적절한 언어 표현을 산출하기 때문이다.

(2) 의미론적 이해

의미론적 이해를 가지려면 다음 두 가지 관계를 만족시켜야 한다고 본다. 첫째, 경험 세계에 관한 이해를 위해서는 그 세계와의 상호작용이 필요하다. 사과라는 단어를 이해하는 것은 그 단어의 정의를 아는 것을 넘어 실제로 사과를 보고 만지고 먹어본 경험에 기초한다. 예를 들어 불이 나서 연기가 피어오른다고 하자. 연기의 존재를 이용해 불에 관한 정보를 얻어내고, 불이 거기에 있다는 믿음을 형성하고, 불과 관련된 행동을 안내할 수 있어야 그 상황의 의미를 이해했다고 볼 수 있다(인과-정보적 관계). 둘째, 적절한 기능을 수행하면 불이 나서 연기가 났다고 인지한 것이 참인지 거짓인지 평가를 할 수 있어야 한다(기능적 관계).

대형언어모델은 간접적으로 이 두 관계를 만족할 수 있고, 따라서 의미론적 이해를 가질 수 있다는 견해가 있다. 그 주장 요지는 다음과 같다.

첫째, 사람은 직접적인 인과-정보적 관계뿐만 아니라 간접적인 관계를 통해서도 의미를 획득한다. 예컨대 우리는 '이순신의 한산대첩'의 의미에 관해 알고 있지만 우리가 직접 이순신을 목격한 것은 아니다. 우리가 가진 여러 지식은 세계로부터 직접 얻은 것이 아니라 증언이나 사회적 학습을 통해서 획득한 것이다. 그렇다면 대형언어모델은 직접 세계와 상호작용을 할 수 없으나, 증언이나 사회적 학습을 통해 간접적으로 인과-정보적 관계를 획득한다고 볼 수 있다.

둘째, 대형언어모델의 사전훈련만으로는 적절한 기능적 관계를 부여하기 어렵지만, '인간 피드백을 통한 강화학습'(RLHF) 등의 사후 조율로 적절한 기능을 가질 수 있다. 대형언어모델은 RLHF를 통해 편향되거나 거짓된 정보를 걸러내고 실제 세계의 사실들을 정확하게 반영하는 결과를 생성하도록 훈련된다. 모델의 궁극적인 기능은 세계에 관해 올바른 진술을 산출하는 것이므로 참과 거짓을 평가하는 기능을 갖는다고 볼 수 있다.

이에 대한 천 교수의 반론은 다음과 같다. 첫째, 사람이 다른 사람의 증언으로부터 무언가를 배울 수 있는 것도 세계와 직접 접촉하며 그 정보를 활용할 수 있는 것을 전제로 할 때 가능하다. 그런데 언어모델은 세계와 직접 접촉하며 상호작용을 할 수 없으므로, 적절한 종류의 인과-정보적 관계를 가진다고 볼 수 없다. 둘째, RLHF를 통해 모델이 더 유익하고 정직한 답을 내는 것은 맞다. 그렇더라도 언어 표현을 생성하는 모델의 내적인 상태(단어들 사이 관계의 수치화)가 세계의 어떤 대상을 탐지해서 참과 거짓을 구분한다고 볼 수 없다.

(3) 인식론적 이해

대형언어모델이 수학적 연산이나 논리적 추론에 취약하다는 점은 잘 알려져 있다. 예를 들어 챗지피티에게 "만일 우리 집 반려동물인 '야옹이'가 고양이고, 만일 모든 고양이의 다리가 다섯 개라면, '야옹이'의 다리는 몇 개일까?"라고 물어보았을 때, 넷이라고 답하는 때도 있고, 다섯이라고 답하는 때도 있었다. 이는 챗지피티가 논리적으로 타당한 추론을 통해 답변을 내놓은 것이 아님을 시사한다.

천 교수에 따르면, 사람은 장기 말의 움직임이나 어떻게 수은 온도계가 온도를 측정하는지를 이해할 수 있다. 이러한 이해는 단순히 지식을 취합하는 것을 넘어서, 정보를 구조화하고 효과적으로 압축함으로써 새로운 상황에 적용하거나 새로운 지식을 창출하는 능력을 필요로 한다. 대형언어모델은 이러한 양질의 인식론적 이해를 가진다고 볼 수 없다.

4. 언어 이해와 개념의 관계

언어는 개념을 전파하는 일종의 "기호 체계"이다. 이것은 독특한 언어 이해에 대응한다. 언어는 세계와의 직접 접촉을 통해 감각적 지각을 개념으로 관념화한 후, 그 개념들을 전파해 보편적 지식을 쌓아가는 "의미 체계"이다. 이것은 의미론적 이해에 대응한다. 그리고 개념은 공통점과 유사성을 추출한 "규칙 체계"다. 이것은 인식론적 이해에 대응한다. 아래에서는 개념의 특성을 세 개로 나누고 대형언어모델이 각각의 특성을 포착할 수 있는지 검토하고자 한다.

언어 이해와 개념의 관계

언어 이해의 세 가지 분류	개념의 세 가지 특성
독특한 언어 이해	기호 체계, 전파성: 념(念)
의미론적 이해	의미 체계, 보편성: 개념(槪念)
인식론적 이해	규칙 체계, 공통성: 개(槪)

03

기호 체계의 패턴 포착

1. 기호 체계 속의 패턴

언어를 “내용”과 “형식”으로 나눈다면 의미론이 내용이고 구문론(또는 통사론)이 형식이다. 구문론은 의미와 독립적으로 단어가 모여 문장을 만드는 규칙과 구조를 다룬다. 즉 주어, 목적어, 서술어 등 문장 성분들이 어떤 순서로 배열되는지, 문장 성분들이 어떻게 연결되어 계층 구조를 이루는지 다룬다. 문장의 규칙을 따로 배우지 않더라도 많이 듣고 말하다 보면 문장의 패턴을 자연스럽게 체득한다. 일정한 패턴은 있지만 정형화된 규칙으로는 설명이 곤란한 경우도 많다.

말에는 구문보다 덜 정형화된 스타일도 있다. 말하는 상황과 관계에 따라 그에 맞는 어휘와 표현 방식이 달라진다. 공식적인 모임이나 회의에서 쓰는 말은 뜻이 명확하고 정중하다. 가깝고 친근한 사이에서는 줄임말이나 유행어 등 비격식적인 말을 편하게 사용한다. 말의 빠르기, 목소리의 높낮이, 어조 등도 메시지 전달에서 중요하다.

구문과 스타일 등 언어의 형식적 요소들은 유행을 따라 끊임없이 변화한다. 미리 정한 대로 체계적으로 발전하는 것이 아니라서 살아 움직이는 생명체처럼 변화의 방향을 예상하기도 어렵다. 언어의 형식적 요소들 사이 연관성은 언어의 기호성, 전파성 때문에 생길 것이다. 사람의 언어학습은 불규칙적이고 무작위적인 변화 속에서 다양한 패턴을 익히는 것이다. 이 패턴은 숨은 규칙성이다. 누가 규칙을 정하는 것이 아니라 사람들 사이에서 전파되는 과정에서 자발적으로 일반적 패턴이 생기는 것이다. 사람은 도식 기반 판단으로 구문과 스타일에 숨어 있는 규칙성을 포착해 자연스럽게 의사소통한다.

2. 대형언어모델의 통계적 패턴 포착

구문과 스타일 등은 대체로 단어의 뜻과 상관없는 언어의 형식적, 구조적 요소들이다. 기계학습은 일정한 구조와 형식 속에 숨어 있는 규칙성을 찾아내는 데 능하다. 이 숨은 규칙성은 결국 통계와 확률로 계산될 수 있다. 대형언어모델은 방대한 텍스트 데이터를 분석하면서 어순, 단어와 문장의 호응 관계, 시제 등 구문의 구조를 통계적으로 파악한다. 그에 따라 문법적 오류 없이 논리적으로 구성된 문장을 생성할 수 있다. 또한 모델은 기사, 시, 학술 논문, 채팅 등 다양한 분야의 텍스트를 학습하는 과정에서 각 분야에 적합한 문체, 표현 방식, 어휘 등을 파악한다. 사용자가 "대화체로 말을 해줘"라고 하면 그에 맞춰 일상적인 대화에서 쓰는 어휘, 말투로 문장을 만들어

낸다.

사람의 경우에 상상력과 판단력으로 작동되는 도식 기반 판단으로 언어의 형식적 패턴을 찾아낼 것이다. 딥러닝을 기반으로 작동되는 대형언어모델의 패턴 찾기는 도식 기반 판단과 유사하게 작동되기 때문에 사람의 능력을 충분히 따라올 수 있다. 사람이 어떻게 언어의 형식적 패턴을 파악하는지, 그 패턴이 뭔지를 설명하기는 쉽지 않다. 대형언어모델이 찾아낸 패턴이 무엇인지도 설명하기 어렵고, 그 탐색 방식이 사람과 유사한지도 알기 어렵다. 사람이 종종 구문에 맞지 않은 표현을 하듯이, 대형언어모델도 실수한다. 이러한 오류 발생은 도식 기반 판단과 기계학습에서는 불가피하다.

04
의미 체계의 패턴 포착

1. 개념의 포착 가능성과 한계

언어의 내용을 담는 형식의 패턴을 찾아내는 것은 충분히 가능하다. 더 나아가 수많은 단어와 문장 속에 있는 언어의 내용도 패턴화할 수 있을까? 언어모델은 언어의 형식적 패턴뿐만 아니라 의미들 사이에 서로 얽혀 있는 패턴도 찾아내기 때문에, 문법이나 스타일 면에서 자연스러울 뿐만 아니라 의미상으로도 사람이 한 것과 다를 바 없는 문장을 만들어내는 것이 아닐까? 그것이 가능하다면 이유는 무엇일까?

우리가 빠른 속도로 말할 때는 단어의 의미를 일일이 의식하지 않고 거의 무의식적으로 말을 이어간다. '버스가 덜컹거려서 잠에서 [ ]'라고 할 때, [ ]에 어떤 말이 적당한지 쉽게 예측된다. 언어모델은 통계적 패턴을 찾아내어 [ ]에 올 단어로 '깼다'를 선택한다. 우리가 이 단어를 선택할 때 물론 단어들 사이 의미적 연관도 고려하겠지만, 머릿속에서 스쳐 지나가는 단어들을 패턴에 따라 이어가는 것도 있을 것 같다.

어떤 일이 벌어지고 있는 상황을 잘 이해했더라도, 그 상황을 말로 표현할 때, 그 표현이 부정확하고 어색하면 그 자체로 세밀하고 정확하게 인지하지 못한 것으로 의심을 사게 된다. 다른 사람을 설득하기 위해 적절한 단어를 찾아내서 논리적으로 말을 이어가다 보면 복잡한 사안이 정리되고 미처 생각하지 못한 아이디어가 떠오르기도 한다. 칸트에 따르면 "존재 자체가 어떤지는 알 수 없고 우리가 대상에 집어넣은 것만을 확실하게 알 수 있다."[4] 인식이란 범주 속에 경험 세계를 꿰맞추는 것이다. 개념 자체가 세계를 품고 있다.

개념은 말뜻 그대로 공통성(규칙성)과 관념성을 함유하고 있다. 호수공원에서 봤던 고양이 무리는 '고양이과'라는 상위 개념에 속한다. 호랑이, 사자, 표범 등 다른 고양이과 동물은 날카로운 발톱과 이빨을 지닌다는 특성을 공유하므로, 고양이도 그러한 특성을 가진다고 유추할 수 있다. 고양이 무리와 공원에 있는 다른 곤충, 새는 동물이라는 공통점으로 묶을 수 있다. 개념이 이처럼 위로 향할 때는 '동일한 특성을 공유한다'는 원리가 적용된다. 반대로 개념이 아래로 향할 때는 특성이 다양하게 나타난다는 원리가 적용된다. 같은 종의 고양이들도 점박이 무늬 고양이, 수염이 긴 고양이, 새끼 고양이 등 무수히 많은 특징으로 구분될 수 있다. 이러한 동일성과 특수성에 연속성이 더해진다. 하나의 종에서 다른 종으로 비약적으로 넘어가지 않고 중간 단계들이 그 사이를 메꾼다. 간단히 말해 동일성, 특수성,

연속성의 원리에 따라 개념의 체계적 통일이 완성된다.

칸트는 또한 개념들이 양, 질, 관계, 양태로 이루어진 범주라는 규범의 틀에 따라 만들어지고 서로 관계한다고 본다. 예를 들어 고양이의 크기는 고양이과 동물 중에서 작은 편이다(양). 고양이는 육식을 좋아한다(질). 고양이는 반려동물로 길들일 수 있다(관계). 고양이가 치타의 최고 속도보다 빨리 달리는 것은 불가능하다(양태). 이처럼 범주별로 파악한 특성을 묶어 고양이라는 개념이 만들어진다.

개념들로 표현되는 언어 속에는 세계에 관한 체계적인 지식이 담겨 있다. 우리는 개념을 익히고 이해하는 과정에서 사물과 세계의 질서와 구조를 파악할 수 있게 된다. 언어가 바깥세상에 대한 정보를 가지고 있고, 언어의 내용 곧 개념들이 규칙적 체계로 구성되어 있으므로 개념들 사이에 얽혀 있는 관계들도 충분히 통계적 방식으로 패턴화할 수 있을 것이다.

그에 더해 현실을 이해하는 것과 그것을 언어로 표현하는 것은 다르다는 점, 사람의 언어가 그 자체로 구축하는 관념의 세계가 있다는 점에 비추어 보면, 단어들의 문맥적 관계 속에 있는 패턴의 파악만으로도 세계에 대한 이해와 어느 정도 부합하는 문장을 생성할 수 있을 것이다. 대형언어모델은 딥러닝으로, 개념들의 체계 속에 숨어 있는 패턴을 포착하는 데 성공했다.

물론 대형언어모델이 통계적 패턴으로 찾아낼 수 있는 언어의 의미적 부분은 제한적일 것이다. 충분히 많은 자료와 강력한 계산적 자원을 갖춤으로써 패턴 포착 가능성을 높일 수는 있겠지만 바둑판의 점처럼 완벽하게 기호화해서 좌표로 표시하기는 불가능할 것이다. 또한 사람의 언어활동은 하나의 의식 속에서 인식, 감정, 행동 결정 등 정신활동을 통합하여 세계와 상호작용한 결과물이라는 점에서 딥러닝의 방식으로 따라가는 데는 한계가 있다. 그래서 대형언어모델은 사실과 다르거나 질문의 취지에 맞지 않은 대답을 하기도 한다.

사람의 뇌로 처리하고 저장할 수 있는 정보량은 한정되어 있다. 개념, 곧 범주화를 통해 우리는 한정된 뇌의 기억 자원을 효율적으로 활용하고 일처리의 효율성도 높이게 되었다. 문자의 발명으로 지식을 오래 보존하고 광범위하게 전달할 수 있게 되었다. 더 나아가 대형언어모델은 딥러닝으로 비정형 빅데이터를 정확도 높고 효율적으로 수집함으로써 인류가 수천 년간 이룩한 문명과 지식을 끌어 담아 학습할 수 있게 되었다. 대형언어모델은 사람의 의식에 비해 훨씬 많은 정보를 저장해 둘 수 있어 정보처리라는 점에서는 사람보다 더 뛰어날 수 있다. 자료수집과 변환의 능력 면에서 사람과 버금가거나 사람을 능가할 수도 있다.

2. 딥러닝 방식의 장단점과 보완

의미의 이해는 경험에서 오지만, 그 경험은 언어로 표현되어야 이해되고 전달될 수 있다. 세계와 직접 접촉하며 상호작용하지 않더라도 단어들의 문맥적 관계 속에 있는 패턴을 파악해 그 개념과 맥락에 어울리는 문장을 생성하는 것으로도 세계에 대한 이해와 어느 정도 일치할 수 있다.

사람이 언어를 어떻게 습득하고 전달하는지와 언어모델이 어떻게 언어를 학습하는지는 세부적으로 다를 것이고 같을 필요도 없다. 사람은 고정관념과 주관에 따라 경험을 해석하기도 하지만 대형언어모델은 통계적으로만 해석하기 때문에 사람보다 객관적인 결과물을 내놓기도 한다. 대형언어모델은 또한 사람들의 한정된 정보와 경험을 뛰어넘는 획기적인 아이디어를 낼 수도 있다.

대형언어모델은 딥러닝으로 많은 정보를 학습하더라도 경험한 것의 참과 거짓을 판별하는 데는 서투르다. 반면에 사람은 경험적 자료를 인식의 틀에 맞춰 하나의 의식 속에 통합함으로써 객관적, 보편적 지식을 산출한다. 사람은 이런 의식의 통합 작용을 통해 많은 것을 경험하지 않더라도 한정된 경험에서 얻은 지식을 확장할 수 있다. 그 확장성의 비결은 귀납과 연역을 혼합하는 것이다. 규칙 기반 판단(연역)에 근거한 것이면 참과 거짓을 명확히 구분할 수 있으나, 도식 기반 판단(귀납)에 근거한 것이면 참과 거짓을 명확히 구분할 수 없는 경우도 많다. 대부분 두 가지 판단이 섞여 있다.

예를 들어 "아리스토텔레스가 나무를 오른 적이 있는지, 혹은 핸드폰을 가졌었는지"에 대한 물음에 답을 한다고 하자.[5] 대형언어모델이 사람의 언어를 제대로 이해했다면 이 질문에 쉽게 답해야 한다. 그렇지만 이와 유사한 문제에서 대형언어모델은 터무니 없이 답하기도 한다. 밸리언트에 따르면, 아리스토텔레스가 사람인 것을 인지하고 간단한 조건을 확인하면 그가 나무를 올랐을지를 쉽게 판단할 수 있다고 한다. 이렇게 질문에 있는 주인공의 생물종을 우선 확인하지 않고, 나무를 탈 수 있는 모든 생물종의 일반적인 조건을 하나의 회로로 학습하면, 너무 복잡해서 학습이 가능한 클래스가 아닐 수도 있다는 것이다.

밸리언트의 제안처럼 '질문에 있는 주인공의 생물종을 우선 확인하는' 등의 보완 조치를 취하면 학습할 수 있는 범위가 확대될 수 있다. 밸리언트는 학습하기 방식(귀납)으로 만든 회로 여러 개를 이치따지기 방식(연역)으로 결합한다. 하나의 학습하기 회로로 해내기에는 무리인 상황들을 두 개 이상의 회로들로 쪼개고 이를 결합하면, 회로 하나만으로는 불가능했던 능력을 얻을 수도 있다.[6)]

대형언어모델은 딥러닝의 귀납적 방식에 다양한 사후 보완 장치를 더 해 오답률을 줄여나가며 높은 수준의 결과물을 내놓고 있다. "인간 피드백을 통한 강화학습"(RLHF)이 대표적인 보완 장치이고, "전문가 혼합", "검색 증강 생성" 등 다양한 방식들이 접목되고 있다.

"전문가 혼합"(Mixture of Experts, MOE)은 복잡한 작업을 여러 개의 전문 분야별로 쪼개서 처리하고 다시 그 결과물들을 하나로 취합하는 방식이다. 예를 들어 회사에서 영업 전략을 짤 때 재무, 인사, 기술 부문과 관련되면 그 분야 전문가들이 팀을 짜서 대응하는 것이 효율적이다. 전문가 혼합 모델도 입력 데이터를 분석해서 그 데이터를 처리하는 데 적합한 전문가를 선택해서 할당한다. 전문가들은 전문 지식을 집중적으로 학습해 특화된 분야에 적합한 처리 결과를 내고, 그 결과물을 모아서 최종적인 출력을 낸다. 언어모델 전체가 계산에 투입되는 것보다 훨씬 더 효율적으로 계산할 뿐 아니라 더 풍부하고 정밀한 답변을 얻을 수 있다.

"검색 증강 생성"(Retrieval Augmented Generation, RAG)은 대형언어모델의 자체 학습 지식뿐만 아니라 외부의 신뢰할 수 있는 최신 정보도 검색해 이를 참고하는 보완 장치다. 대형언어모델은 학습을 마친 시점 이후의 최신 정보는 알지 못하고, 기업의 내부 매뉴얼 등 접근이 제한된 정보를 학습할 수 없다는 단점이 있었다. RAG는 검색의 도움을 받아 새로운 정보와 출처가 정확한 정보도 참고함으로써 세밀하고 정제된 결과물을 내놓는다. 또한 답변 안에 참고 자료의 인용 링크도 제시함으로써 사용자가 답변의 신뢰성을 점검할 수도 있다.

05
규칙 체계와 도식

1. 세 가지 종류의 도식과 대형언어모델

앞서 살핀 바대로 상상력이 그려내는 도식은 세 가지 종류로 나눌 수 있다. '경험적 개념의 도식', '수학적 개념의 도식', '범주의 도식'이 그것이다.

경험적 개념의 도식은 1차 표상과 2차 표상을 연결하는 매개체 역할을 한다. 여기서 학습과 판단의 반복을 통해 도식의 정확도를 높이는 것은 경험의 축적에 해당한다. 사람이 언어를 학습하는 것도 경험의 축적, 곧 도식의 형성이다. 개념의 뜻을 익히고 개념들 사이 연관성을 파악하는 것은 언어의 패턴을 학습하는 것이다. 머릿속에 언어의 패턴이 잘 그려져 있으면 자기 경험을 조리 있게 언어로 표현할 수 있다. 문법이나 스타일 등 언어의 형식 패턴뿐만 아니라 언어의 내용인 개념과 맥락도 패턴으로 파악되어 머릿속에 도식으로 그려져 있다. 요약하면 사람이 언어를 배우는 것은 도식 기반 판단에 해당한다. 대형언어모델은 사람과는 다른 방식으로 언어를 학습하겠지만, 데이터들 속에 숨어 있는 규칙성을 찾아낸다는 점에서는 공통점이 있다.

반면에 삼각형, 원 등 수학적 개념의 도식은 경험의 축적으로 그려지는 것이 아니다. 이 도식은 경험 세계와 무관하게 그려진다. 즉 1차 표상과 2차 표상의 매체 역할을 하지 않고, 추상적인 수학 개념을 공간 속에 구체화하는 역할을 맡는다. “수학적 개념의 도식은 경험적인 대상과 달리 생각 속에서만 존재하고, 공간에 있어 순수 형태들에 관한 상상력의 종합 규칙이다.”[7] 예를 들어 원 개념의 도식은 중심으로부터 같은 거리에 있는 모든 점들로 이루어진 곡선이라는 개념을 형상화하는 규칙이다. 경험적 개념의 도식인 장미꽃의 도식은 사람의 머릿속에서 제각각으로 그려지지만, 원의 도식은 사람마다 동일하게 그려질 것이다. 수학과 논리는 경험 세계와 무관하게 개념상 완전할 수 있고, 100% 정답을 찾을 수도 있다.

범주의 도식은 현상과 범주를 시간에 의해 매개하는 것이다. 범주는 추상적 사고의 틀 또는 규범으로서 경험적 개념이나 수학적 개념과 그 성질이 전혀 다르다. 그래서 범주의 도식은 경험적 개념이나 수학적 개념의 도식과도 성격이 다르다. 범주가 도식화될 때는 현상과 연결되지만, 범주는 현상과 무관하게 체계를 형성하기도 한다. 범주는 ‘모든 A는 B이다. A는 B가 아니다. 만약 A라면 B이다. A이거나 B이거나 C이다.’ 등의 논리적 판단 형식에서 나왔다. 삼단논법 등 논리적 판단은 범주를 현상과 무관하게 활용하는 것이다.

2. 경험판단과 분석판단

'두 점 사이에는 하나의 직선만 있다'는 기하학 명제는 100% 확실하다. 이 명제는 어떻게 해서 '100% 확실하다'는 결론에 도달할 수 있는가?

개별적인 경험을 모아 이를 일반화시킬 수 있는 법칙을 찾는 것이 "경험판단" 또는 귀납 논리이다. 두 점 사이를 이어보는 여러 가지 실험과 관찰, 즉 경험의 축적을 통해 하나의 직선만 있다는 결론을 내릴 수 있다. 그러나 경험으로부터 귀납적으로 얻어내는 것은 개연적 확실성만을 가질 뿐이고, '100% 확실하다'는 절대적 확실성에 도달할 수 없다. 경험판단으로는 '두 점 사이에는 하나의 직선만 있는 것으로 추정된다'는 결론만 내릴 수 있다.

"분석판단"은 주어진 명제들의 분석만으로 지식을 얻는 판단 방식이다. 삼단논법이 대표적인 분석판단이다. '사람은 먹어야 살 수 있다'(대전제), 'A는 사람이다'(소전제)라고 주어지는 명제의 분석으로부터 'A는 먹어야 살 수 있다'(결론)에 도달할 수 있다. 이 판단은 100% 확실하다. 그러나 분석판단은 세계에 대한 새로운 정보를 제공하기보다는 주어진 개념을 설명하는 것에 지나지 않는 판단이다.

반면 "종합판단"은 개념에 대한 설명과 분석을 넘어서서 새로운 정보를 제공하는 확장판단이다. 세계와의 접촉과 경험을 통해 귀납적으로 명제를 찾아내는 경험판단은 모두 종합판단에 속한다.

칸트에 따르면 '두 점 사이에는 하나의 직선만 있다'는 명제에서, '직선'과 '두 점'이라는 주어진 개념들만 가지고 아무리 논리적으로 분석하더라도 '하나의 직선만 있다'는 답을 얻을 수 없으므로 분석판단(연역논리)이 아니다. 기존 명제들의 분석으로는 얻을 수 없는 새로운 정보를 얻어내므로 종합판단에 해당한다. 또한 '하나의 직선만 있다'는 100% 확실한 결론에 이를 수 있어서, 경험의 축적만으로는 지식을 획득하는 경험판단(귀납논리)도 아니다. 칸트는 이러한 판단을 분석판단 및 경험판단에 대비하여 '선험적(transcendental) 종합판단'이라고 했다.

사람은 선천적으로 갖추고 있는 공간이라는 인식의 틀 속에서 두 점 사이를 이어보는 실험과 관찰을 한다. 아무것도 선천적으로 갖추지 않은 백지상태에서 경험하는 것이 아니다. 칸트에 의하면, 이 기하학 명제의 100% 확실성은 선험적인 직관 형식인 공간에 그 내용물을 넣어 일정한 관계에 따라 정돈한 후 지성에 의해 판단하기 때문에 얻을 수 있다고 한다. 따라서 직관의 형식인 공간은 여기서 단순히 현상의 내용물을 담는 선천적인 형식의 역할만 하는 것이 아니라, 선험적 종합판단을 가능하게 하는 역할도 한다.

흄(David Hume)과 같은 경험론자들에 의하면, '두 점 사이에는 하나의 직선만 있다'는 것과 같이 확실성이 있는 수학적 명제는 분석판단에 불과하다. 데카르트와 같은 합리론자에 따르면, 이 수학적 명제의 확실성은 본유관념(innate idea)으로부터 얻을 수 있다. 본유관념은 신이 부여해 준 것이므로, 신이 창조한 이 세계의 본질적 구조를 이성적으로 알 수 있다. 칸트는 합리주의의 독단론(본유관념)과 경험주의의 회의론(귀납 논리) 모두를 넘어서 제3의 길(선험적 종합판단)을 개척하였다.

현대의 연구에서 '두 점 사이에는 하나의 직선만 있다'와 같은 기하학의 명제가 분석적 판단에 속하는지, 종합적 판단에 속하는지에 대해서는 견해가 엇갈린다.[8)]

3. 딥러닝의 한계와 보완

범주를 현상과 상관없이 논리적 형식으로만 사용하는 것은 분석판단에 해당한다. 수학적 개념의 도식은 분석판단에 해당하는지, 종합판단에 해당하는지 견해의 대립이 있을 수 있다. 저자는 분석판단과 수학적 개념의 도식을 묶어 '규칙 기반 판단'에 해당한다고 본다.

체계적이고 세밀하게 설계된 규칙, 수학방정식, 설계도, 안내도, 노선도, 순서도, 작업 매뉴얼 등이 '규칙 기반 판단'에 해당한다. 결과값이 고정되어 있거나, 오류 없이 100% 정확한 규칙을 구현해야 하므로 규칙 기반 프로그래밍이 적합하다. 따라서 대형언어모델의 딥러닝으로는 구현하기 어렵다. 딥러닝은 주어진 입력에 대해 가장 가능성이 높은 출력을 생성하는 방식으로 작동할 뿐이기 때문이다.

정리하면 개념은 개별적 사물에서 공통점과 유사점을 찾아 추상화한 규칙이다. 언어는 개별적 사물, 즉 세상과의 상호작용에서 얻은 경험을 개념적으로 추상화한 것이다. 이렇게 다양한 데이터에서 추상적 규칙을 찾아 관념적 체계를 형성하는 것에는 도식 기반 판단으로 숨은 규칙성을 찾아낼 수 있다. 하지만 데이터와 무관하게 추상적 규칙만으로 관념의 체계를 형성하는 것에는 규칙 기반 판단으로 명시적 규칙을 찾아낸다. 대형언어모델이 수학 연산이나 논리적 추론에 취약할 수밖에 없는 것은 딥러닝이 도식 기반 판단에 적합한 프로그래밍이기 때문이다.

하지만 대형언어모델은 단번에 답하지 않고 몇 단계에 걸쳐 추론을 이어가는 방식을 도입하는 등 딥러닝의 단점을 보완한다. "생각의 사슬"(Chain of Thought, COT)이 대표적이다.

대형언어모델에게 "사무실에서 집까지의 거리가 70km이다. 평균적으로 버스는 시속 40km/h, 지하철은 시속 50km/h로 달린다. 버스로 20km, 지하철로 50km를 간다고 할 때, 사무실에서 집까지 갈 때 걸리는 시간을 추론의 단계별로 나누어 계산해 줘"라고 묻는다고 하자. 대형언어모델은 아래와 같이 답한다.

대형언어모델의 답변

버스 소요 시간	20km/40km/h = 0.5시간
지하철 소요 시간	50km/50km/h = 1.0시간
총소요 시간	0.5시간 + 1.0 시간 = 1.5시간
시간을 분으로 변환	0.5시간 x 60분/시간 = 30분
최종 결론	1시간 30분

수학 문제를 풀 때 중간 풀이 과정을 써야 한다고 한다. 단계별로 나누어 생각하면 복잡한 문제도 단순화할 수 있고, 결론의 유도 과

정을 점검해서 오류를 발견하고 수정할 수도 있기 때문이다. 생각의 사슬도 추론 과정을 여러 단계로 나눔으로써 문제의 난이도를 낮춘다. 또한 해답에 이르기까지 추론 과정을 명시적으로 보여줌으로써 사용자가 각각의 단계를 확인하여 오답을 체크할 수 있도록 하였다.

06
전망

영리한 동물은 의식을 가지고 있고, 감각적 자료의 표상을 만들어 그 표상에 근거해 행동 방식을 결정하기도 한다. 사람은 거기서 진화하여 추상적 표상을 만드는 능력을 얻었다. 추상적 표상, 즉 개념을 활용하면 한정된 경험에서 얻은 지식을 확장할 수 있다. 즉 우리는 추론해서 판단하고 그 판단의 정확도를 검증하는 방식으로 객관적, 보편적 지식을 쌓아나간다. 그 과정에서 상상력은 도식을 그려내어 감각적 지각이라는 1차 표상과 추상적 사고라는 2차 표상을 연결한다. 상상력은 범주의 도식, 경험적 개념의 도식, 수학적 개념의 도식 등을 만든다. 이 도식들은 귀납과 연역이라는 추론 방식을 혼용해서 만들어진다.

대형언어모델은 딥러닝이라는 귀납적 방법에 기반하지만, 인간 피드백 기반 강화학습(RLHF), 전문가 혼합(MOE), 검색 증강 생성(RAG), 생각의 사슬(COT) 등 연역적 방법이 더해진 보완 장치를 추가하고 있다. 이를 통해 오답률을 줄이며 높은 수준의 결과물을 내놓고 있다.

대형언어모델의 작동 방식은 사람의 의식활동 또는 언어 이해 방식과 같을 수 없고 같을 필요도 없다. 대형언어모델의 통계적 추론은 사람의 언어 이해 방식과 전혀 다르지만 효과적으로 작동된다. 추론 능력 면에서는 사람이 더 뛰어날 수도 있지만, 방대한 분량의 정보를 끌어 담아 빠른 속도로 학습할 수 있다는 면에서는 대형언어모델이 사람의 능력을 넘어설 수도 있다.

물론 사람의 언어활동은 바깥세상과 상호작용하며 판단하고 느끼고 결심하는 등의 정신활동을 통합한 결과물이라는 점에서 대형언어모델로 따라가는 데는 한계가 있다. 대형언어모델을 포함한 현재의 AI는 정신활동의 흐름을 통제하는 중추, 곧 자기의식을 가지고 있지 않다. 그래서 국지적인 과제는 수행할 수 있으나 종합적인 판단 능력과 문제해결 능력을 갖추지는 못한다. 이 때문에 대형언어모델에 전적으로 일을 맡길 수는 없고 사람의 개입과 관리가 필요하다.

대형언어모델은 다양한 분야에서 획기적인 변화를 불러오며, 인류 문화의 새로운 전환기를 열어놓고 있다. 법률 분야를 예를 들어 보자. 법률 해석과 적용은 논리적, 분석적 추론 과정을 요구하기 때문에 법률문제를 딥러닝으로 푸는 것은 부적합하다고 볼 여지도 있다. 그러나 구체적 사안에 법을 적용하는 것은 전형적인 도식 기반 판단이다. 다양한 개별적인 사안에 법이라는 규칙을 적용하는 것은 감각기관으로 수집한 자료에 개념이라는 규칙을 적용하는 것과 다르지 않다. 오히려 법률문제에서는 법이라는 규범이 정해져 있기 때문에 규범 자체가 정해져 있지 않는 다른 영역보다 더 도식 기반 판단에 적합할 수도 있다. 사실관계의 확정과 법 조항 적용뿐만 아니라 법률 해석에서도 논리적, 분석적 판단만 필요한 것이 아니다. 법 조항 자체를 어떻게 해석할지는 판사, 검사, 변호사 등 어떤 직역에 속하는지에 따라, 어떤 가치관을 가지는지에 따라 조금씩 입장이 다르다. 다양한 법률 조항, 판례, 해외 입법사례 등 수집 능력에 의해 법률 해석의 승패가 좌우되기도 한다. 즉 법률 해석에서도 방대한 데이터에서 규칙성을 도출해 내는 도식 기반 판단이 필요하다.

물론 법률 적용에서는 오류가 있어서는 안 되기 때문에 대형언어모델에 이것을 전적으로 맡길 수는 없다. 법률문제가 도식 기반 판단에 크게 의존하는 점에서 대형언어모델의 역할은 단순한 조력자에 머무르는 것이 아니라, 중요한 협력자로서 역할을 할 것으로 예상된다.

참고문헌

[단행본]

임마누엘 칸트, 『순수이성비판』, 최재희 역, 박영사 2019 보정판

임마누엘 칸트, 『실천이성비판』, 백종현 역, 아카넷 2019 개정2판

임마누엘 칸트, 『판단력비판』, 백종현 역, 아카넷 2009

김혜숙, 『인식의 대전환 – 칸트의 코페르니쿠스적 전회』, 21세기북스 2024

오트프리트 회페, 『임마누엘 칸트』, 이상헌 역, 문예출판사 2012

질 들뢰즈, 『칸트의 비판철학』, 서동욱 역, 민음사 2006

마르틴 하이데거, 『칸트와 형이상학의 문제』, 이선일 역, 한길사 2001

김상환, 『왜 칸트인가』, 21세기북스 2022

한자경, 『칸트철학에의 초대』, 서광사 2006

박정훈, 『미와 판단』, 세창출판사 2017

플라톤, 『소크라테스의 변명 크리톤·파이돈·향연』, 박문재 역, 현대지성 2019

플라톤, 『파이드로스』, 김주일 역, 아카넷 2023(전자책)

아리스토텔레스, 『형이상학』, 이종훈 역, 동서문화사 2016

르네 데카르트, 『방법서설』, 김선영 역, 부북스 2018

르네 데카르트, 『성찰』, 양진호 역, 책세상 2011

아르투어 쇼펜하우어, 『의지와 표상으로서의 세계』, 홍성광 역, 을유문화사 2009

아르투어 쇼펜하우어, 『인생론』, 최민홍 역, 집문당 2024

박은미, 『삶이 불쾌한가, 쇼펜하우어의 의지와 표상으로서의 세계』, 삼성출판사 2006
김선희, 『쇼펜하우어&니체, 철학자가 눈물을 흘릴 때』, 김영사 2011
질 들뢰즈, 『차이와 반복』, 김상환 역, 민음사 2004
질 들뢰즈, 『감각의 논리』, 하태환 역, 민음사 2008
김상범, 『들뢰즈의 이념적인 놀이』, 바른북스 2023
성기현, 『들뢰즈의 미학』, 그린비 2019
박영욱, 『데리다&들뢰즈, 의미와 무의미의 경계에서』, 김영사 2009
이건주, 『탈바꿈의 동양고전』, ㈜도서출판 예문, 2014
랄프 왈도 에머슨, 『자연』, 서동석 역, 도서출판 은행나무 2014
샤를 페팽, 『아름다움이 우리를 구원할 때』, 양혜진 역, 이숲 2016
레슬리 밸리언트, 『기계학습을 다시 묻다』, 이광근 역, 인사이트 2021
앨런 라이트먼, 『초월하는 뇌』, 김성훈 역, 다산초당 2025
박정일, 『튜링&괴델, 추상적 사유의 위대한 힘』, 김영사 2010
이광근, 『컴퓨터과학이 여는 세계』, 인사이트 2015
로저 펜로즈, 『황제의 새 마음』, 박승수 역, 이화여자대학교출판문화원 2022
박상길, 『비전공자도 이해할 수 있는 챗GPT』, 비즈니스북스 2025
박상길, 『비전공자도 이해할 수 있는 AI 지식』, 비즈니스북스 2024
사이토 고키, 『밑바닥부터 시작하는 딥러닝』, 개앞맵시 역, 한빛미디어 2017
박해선, 『혼자 공부하는 머신러닝+딥러닝』, 한빛미디어 2020
미츠무라 나오키, 『그림으로 배우는 AI』, 양성건 역, 영진닷컴 2023
브라이언 W. 커니핸 『1일 1로그 1000일 완성 IT지식』, 하성창 역, 인사이트 2021
아베 아야메, 카사이 타쿠미, 『튜링의 생각하는 기계』, 이아름 역, 위즈플래닛 2019

마틴 데이비스, 『오늘날 우리는 컴퓨터라 부른다』, 박상민 역, 인사이트 2023
아베 마사토, 『통계 101 데이터 분석』, 안동현 역, 프리렉 2022
안토니오 다마지오, 『데카르트의 오류』, 김린 역, ㈜눈출판그룹 2017
리사 펠드먼 배럿, 『이토록 뜻밖의 뇌과학』, 변지영 역, 더퀘스트 2021
대니얼 J. 레비틴 『정리하는 뇌』, 김성훈 역, 와이즈베리 2015

[논문]

천현득, 「대형언어모형은 이해를 가지는가?」, 『철학사상』 제90호 2023
김전희, 「인공지능 그림의 예술성」, 『미학예술학연구』 제63집 2021
박진, 「칸트의 도식론에 대한 고찰」, 『대동철학』 제24집 2004
Google Deepmind, 「Levels of AGI: Operationalizing Progress on the Path to AGI」, 2023. 11.

미주

들어가며

1) 데카르트, 『성찰』, 65쪽
2) 데카르트, 『성찰』, 41쪽
3) 데카르트, 『성찰』, 53쪽

Chapter 01 세상을 보는 관점의 전환

1) 아리스토텔레스, 『형이상학』, 37쪽
2) 라이트먼, 『초월하는 뇌』, 12쪽
3) 쇼펜하우어, 『의지와 표상으로서의 세계』, 221쪽
4) 레비틴, 『정리하는 뇌』, 103쪽
5) 데카르트, 『성찰』, 62쪽
6) 쇼펜하우어, 『의지와 표상으로서의 세계』, 10쪽
7) 칸트, 『순수이성비판』, 134쪽
8) 라이트먼, 『초월하는 뇌』, 128쪽
9) 다마지오, 『데카르트의 오류』, 155쪽
10) 다마지오, 『데카르트의 오류』, 161쪽, 347쪽
11) 라이트먼, 『초월하는 뇌』, 159쪽

Chapter 02 칸트의 도식과 기계학습

1) 회페, 『임마누엘 칸트』, 132쪽
2) 칸트, 『판단력비판』, 234쪽
3) 회페, 『임마누엘 칸트』, 132쪽
4) 들뢰즈, 『칸트의 비판철학』, 111쪽

5) 칸트, 『순수이성비판』, 116쪽

6) 밸리언트, 『기계학습을 다시 묻다』, 71~75쪽을 참조하여 재구성하였다.

7) 들뢰즈, 『칸트의 비판철학』, 56쪽

Chapter 03 미적 생동감

1) 칸트, 『판단력비판』, 347쪽

2) 플라톤, 『파이드로스』, 245a

3) 칸트, 『판단력비판』, 348쪽

4) 칸트, 『판단력비판』, 348쪽

5) 칸트, 『판단력비판』, 353쪽

6) 칸트, 『판단력비판』, 349쪽

7) 들뢰즈, 『칸트의 비판철학』, 107쪽

8) 칸트, 『실천이성비판』, 331쪽

9) 회페, 『임마누엘 칸트』, 242쪽

10) 들뢰즈, 『감각의 논리』 중 '회화와 감각' 부분(47~56쪽)을 저자의 시각에서 요약하였다.

11) 김상환, 『왜 칸트인가』, 207~208쪽

12) 들뢰즈, 『차이와 반복』, 236쪽

13) 회페, 『임마누엘 칸트』, 325쪽

14) 들뢰즈, 『차이와 반복』, 25쪽

Chapter 04 이념과 AI

1) 칸트, 『순수이성비판』, 487쪽

2) 회페, 『임마누엘 칸트』, 164쪽

3) 회페, 『임마누엘 칸트』, 165쪽

4) 칸트, 『순수이성비판』, 재판의 들어가는 말 B29

5) 성기현, 『들뢰즈의 미학』, 102쪽

6) 들뢰즈, 『차이와 반복』, 313쪽

7) 들뢰즈, 『차이와 반복』, 439쪽

8) 들뢰즈, 『차이와 반복』, 440쪽

9) 칸트, 『판단력비판』, 319쪽

10) 들뢰즈, 『차이와 반복』, 473쪽

11) 들뢰즈, 『차이와 반복』, 605쪽

12) 들뢰즈, 『차이와 반복』, 421쪽

13) 이건주, 『탈바꿈의 동양고전』, 178쪽

14) 이건주, 『탈바꿈의 동양고전』, 203쪽

15) 이건주, 『탈바꿈의 동양고전』, 205쪽

16) 쇼펜하우어, 『의지와 표상으로서의 세계』, 416쪽

17) 쇼펜하우어, 『의지와 표상으로서의 세계』, 418쪽

Chapter 05 AI와 자기의식

1) 데카르트, 『방법서설』, 52쪽

2) 데카르트, 『방법서설』, 54쪽

3) 칸트, 『순수이성비판』, 181쪽

4) 들뢰즈, 『칸트의 비판철학』, 145쪽

Chapter 06 자아의 초월과 기계학습

1) 라이트먼, 『초월하는 뇌』, 159쪽

2) 라이트먼, 『초월하는 뇌』, 171쪽

3) 라이트먼, 『초월하는 뇌』, 169~216쪽

4) 라이트먼, 『초월하는 뇌』, 172쪽(Ralph Waldo Emerson, "Nature"(1836), in the Harvard Classics, vol.5 p.229) 재인용

5) 쇼펜하우어, 『의지와 표상으로서의 세계』, 254쪽

6) 쇼펜하우어, 『의지와 표상으로서의 세계』, 543쪽

7) 밸리언트, 『기계학습을 다시 묻다』, 152쪽

8) 밸리언트, 『기계학습을 다시 묻다』, 11쪽

9) 밸리언트, 『기계학습을 다시 묻다』, 4쪽

10) 밸리언트, 『기계학습을 다시 묻다』, 144~160쪽

11) 들뢰즈, 『차이와 반복』, 37쪽

12) 들뢰즈, 『차이와 반복』, 42쪽

13) 들뢰즈, 『차이와 반복』, 43쪽

Chapter 07 사람의 인식 시스템과 컴퓨터 시스템의 닮음

1) 박정일, 『튜링&괴델, 추상적 사유의 위대한 힘』, 96~104쪽; 이광근, 『컴퓨터과학이 여는 세계』, 32~40쪽을 참조하여 필자가 재구성하였다.

2) 박정일, 『튜링&괴델, 추상적 사유의 위대한 힘』, 110~119쪽

3) 칸트, 『순수이성비판』, 98쪽

Chapter 08 AI와 예술

1) 오일석, 『기계학습』, 55~56쪽

2) 사이토 고키, 『밑바닥부터 시작하는 딥러닝』, 75~76쪽

3) 김전희, 『인공지능 그림의 예술성』, 174쪽

4) 들뢰즈, 『차이와 반복』, 621쪽

5) 쇼펜하우어, 『의지와 표상으로서의 세계』, 103쪽

6) 쇼펜하우어, 『의지와 표상으로서의 세계』, 333쪽

7) 쇼펜하우어, 『의지와 표상으로서의 세계』, 333쪽

Chapter 09 챗지피티 등 대형언어모델

1) Google Deepmind, 「Levels of AGI: Operationalizing Progress on the Path to AGI」, 1쪽

2) Google Deepmind, 「Levels of AGI: Operationalizing Progress on the Path to AGI」, 6쪽

3) 천현득, 『대형언어모형은 이해를 가지는가?』, 83쪽 이하

4) 김혜숙, 『인식의 대전환 – 칸트의 코페르니쿠스적 전회』, 149쪽

5) 밸리언트, 『기계학습을 다시 묻다』, 184~186쪽

6) 밸리언트, 『기계학습을 다시 묻다』, 184쪽

7) 박진, 「칸트의 도식론에 대한 고찰」 중 5. 개념과 도식 부분

8) 회페, 『임마누엘 칸트』, 74쪽

김상현

학력
서울대학교 법학과 졸업
서울대학교 융합과학기술대학원 수리정보과학과 이학 석사
석사학위 논문: 동형암호를 이용한 프라이버시 보존 데이터 분석의 법제도적 문제

경력
창원지방검찰청 진주지청장
서울동부지방검찰청 사이버수사부 부부장검사
정보, IT 분야 공인전문검사

저서
칸트와 AI의 만남(2024, 박영사)

칸트, AI, 월광소나타

초판발행 2026년 2월 15일

지은이 김상현
펴낸이 안종만 · 안상준

편 집 전채린
기획/마케팅 정연환
표지디자인 BEN STORY
제 작 고철민 · 김원표

펴낸곳 (주) 박영사
서울특별시 금천구 가산디지털2로 53, 210호(가산동, 한라시그마밸리)
등록 1959. 3. 11. 제300-1959-1호(倫)
전 화 02)733-6771
f a x 02)736-4818
e-mail pys@pybook.co.kr
homepage www.pybook.co.kr
ISBN 979-11-303-9811-2 93190

정 가 19,000원